GERTRUDIS GÓMEZ DE AVELLANEDA

BALTASAR

DRAMA ORIENTAL
EN CUATRO ACTOS Y EN VERSO

(Facsímil de la Primera Edición de 1858)

Introducción de Eduardo Lolo

Editorial Cubana "Luis J. Botifoll"
2014

Baltasar, drama oriental en cuatro actos y en verso,
de Gertrudis Gómez de Avellaneda.

© de la presente edición:
Editorial Cubana "Luis J. Botifoll", 2014

© de la Introducción: Eduardo Lolo, 2014

ISBN: 978-1495410161

Ilustraciones de cubiertas: El Festín de Baltasar (circa 1635), de Rembrandt Van Rijn y Retrato de doña Gertrudis Gómez de Avellaneda (1857), de Federico de Madrazo.

Diagramación y cubierta: Kiko Arocha

Este libro puede adquirirse en Amazon.com

ÍNDICE

Editorial Cubana Luis J. Botifoll V
Poema "Al Partir", *Gertrudis Gómez de Avellane*da . . VII
Introducción, por *Eduardo Lolo* IX
Bibliograafia XXII

Facsímil de la Primera Edición de 1858

Página titular . . . . ★
Propiedad de la obra . . . . ★
Al Serenísmo Sr. Don Alfonso de Borbón . . . . . . ★
Personajes 4
Acto primero 5
Acto segundo 23
Acto tercero 47
Acto cuarto 66

★ Sin número de página en el original.

EDITORIAL CUBANA LUIS J. BOTIFOLL

La Editorial Cubana "Luis J. Botifoll" es una institución no lucrativa de promoción cultural con sede en la ciudad de Miami. El objetivo básico de su misión es poner al alcance de los interesados, a precio de costo, libros clásicos de la cultura cubana agotados o de difícil adquisición. El formato de su impresión se caracteriza por la reproducción facsimilar de la primera edición de la obra seleccionada -u otra lo más cercana posible a la misma-, precedida por un texto introductorio moderno a cargo de un reconocido especialista en estudios cubanos.

La Editorial Cubana fue fundada en 1984 por el Dr. Luis J. Botifoll, quien fuera el primer Presidente de la corporación. A su muerte fue sustituido por el Dr. José Ignacio Rasco, también fallecido. En la actualidad la Editorial Cubana ostenta el nombre de su fundador y continúa su ingente labor bajo la dirección del Dr. Armando F. Cobelo. Los miembros siguen teniendo los mismos privilegios originales, con la excepción de que no se les envía el libro publicado sin previa solicitud. Las oficinas de la Editorial continúan ubicadas en el Colegio de Belén, santuario de nuestra institución desde su origen.

Con un historial de casi 30 años y más de 50 libros publicados, estamos presentando a nuestros lectores un nuevo tipo de impresión, reformada según los tiempos actuales: la encuadernación no es de cubierta dura monocromática como hasta nuestra edición anterior, sino en rústica, lo cual nos permite editar portadas a colores de mayor valor

Introducción

estético y reducir el importe de producción. Los precios no varían: se mantienen al coste de impresión, manejo y envío de los ejemplares solicitados.

La presente entrega constituye una Edición Conmemorativa por el Segundo Centenario del Natalicio de Gertrudis Gómez de Avellaneda y Arteaga, una de las figuras más importantes de las letras hispano-cubanas de todos los tiempos. Se trata de un facsímil de la primera edición de 1858 de la obra de teatro *Baltasar*, hoy una rareza bibliográfica. La Introducción se debe al trabajo de investigación y análisis del Dr. Eduardo Lolo, Premio Letras de Oro, catedrático universitario y autor de varios libros relacionados, fundamentalmente, con la literatura cubana.

Junta Directiva
Editorial Cubana "Luis J. Botifoll"

Al Partir

¡Perla del mar! ¡Estrella de occidente!
¡Hermosa Cuba! Tu brillante cielo
la noche cubre con su opaco velo,
como cubre el dolor mi triste frente.

¡Voy a partir!... La chusma diligente,
para arrancarme del nativo suelo
las velas iza y, pronta a su desvelo,
la brisa acude de tu zona ardiente.

¡Adiós, patria feliz, edén querido!
¡Doquier que el hado en su furor me impela,
tu dulce nombre halagará mi oído!

¡Adiós!...Ya cruje la turgente vela...
El ancla se alza... El buque, estremecido,
las olas corta y silencioso vuela.

Gertrudis Gómez de Avellaneda

INTRODUCCIÓN

Por Eduardo Lolo

LA AUTORA

La joven Tula tenía 22 años al sufrir la escena que describe lo que posiblemente sea su poesía más famosa: el soneto "Al partir", aquí reproducido. Me la imagino de codos en la borda, en la mano un pañuelito lloroso, contemplando una entonces pujante ciudad de La Habana alejándose entre las olas, con la farola del Morro convertida en punto luminoso en el horizonte para, finalmente, desaparecer entre la espuma que semeja una caracola. Atrás, también consumidas por las olas, quedaban su niñez y adolescencia en una bucólica Puerto Príncipe que hasta el nombre perdería por carencia del mar que anunciaba, erróneamente, el toponímico. Viajaban con ella, junto a su nostalgia prematura, la familia rumbo a la semilla, versos púberes, sueños que se convertirían en pesadillas, y puede que hasta el borrador de una novela que la haría famosa. Porque es el caso que en el nuevo horizonte la esperaban, emboscados en el tiempo, grandes éxitos en el campo de las letras e inmensos fracasos en el orden personal.

Luego de una breve estancia en Burdeos (Francia), la familia se estableció en La Coruña, Galicia. Pero el gris celta del norte español era demasiado sombrío para unas pupilas nacidas frente al sol de arrebato del trópico cubano. Vuelve entonces la bella criolla a su peregrinar hasta Sevilla donde, no por coincidencia, comenzó a darse a conocer

Introducción

en el ambiente cultural español bajo el seudónimo de "La Peregrina". En esa misma ciudad, para asombro de familiares y amigos, comienza una tórrida relación amorosa sin la aprobación social y la bendición religiosa del matrimonio como institución, algo verdaderamente escandaloso para la sociedad española de la época. Dicha relación (de características borrascosas, como se desprende de las cartas de la pasional joven enamorada que se harían públicas una vez desaparecido su destinatario) no duraría mucho tiempo. Ni sería su primer 'tropiezo' moral.

Para 1840 la joven estigmatizada se traslada a Madrid, donde vivirá buena parte de lo que le restaba de vida. La capital española de entonces era un hervidero de intelectuales venidos del resto de la Península e Hispanoamérica. La novel poetisa resulta muy bien acogida en el ambiente cultural madrileño y tan solo un año después da a conocer la colección *Poesías*, que la ubica en un lugar destacado entre sus pares.

Todo parecía indicar que la joven 'díscola' de Sevilla encontraría en Madrid un camino más acorde con lo que se esperaba de una mujer de su tiempo y clase cuando, sin previo aviso, sorprende de nuevo con un escándalo todavía mayor: se convierte en madre soltera. El padre de la criatura sería el también poeta Gabriel García Tassara, quien se negó no sólo a reconocer legalmente a la niña bastarda, sino tan siquiera a verla en su lecho de muerte prematura, acaecida en 1845 con solo meses de nacida. El vientre de Tula quedaría, a partir de entonces, para siempre árido.

Gertrudis recibe el mismo año sendos premios literarios otorgados por el Liceo Artístico y Literario de Madrid, posiblemente la institución cultural más importante de España después de la Real Academia de la Lengua. Y al siguiente logra, finalmente, que un hombre acepte casarse con ella, sacándola del 'fondo' social (según la óptica de entonces) en que se había sumido por sí misma, mancillada. La felicidad alcanzada junto a Pedro Savater, sin embargo, no le duraría mucho. Esta vez no sería por rechazo del amante, sino por furia del destino, que la deja viuda a pesar de los esfuerzos de la ciencia por salvarle la vida al esposo.

Este contundente golpe sobre el alma todavía convaleciente fue mucho para Tula. Busca entonces refugio en la religión católica, recluyéndose penitente en un convento. Allí inicia una tendencia que luego sería determinante en el génesis de *Baltasar*: la temática religiosa como tópico recurrente en su obra. La 'nueva' Gertrudis, libre de la 'mala' fama que se había forjado a consecuencia de sus amores ilegales y la maternidad bastarda, inicia una vertiginosa etapa de creación y publicación que la sitúa en el pináculo de la cultura hispana de la época. Su éxito fue tal que decide optar por un asiento en la Real Academia Española. Pero no es aceptada.

No obstante ello, su notoriedad como escritora, su nueva personalidad de devota religiosa, y el 'purificador' status de viuda adquirido muy a su pesar, le propician un segundo matrimonio aún más sólido socialmente que el primero. En efecto, el conocido político Domingo Verdugo se casa con ella en 1856. Verdugo era un hombre de probada hidalguía y recia personalidad, que amaba a su esposa profundamente. Precisamente tales características serían utilizadas por ese hado trágico que perseguía a Gertrudis para gol-

Introducción

pear de nuevo su alma repleta de cicatrices. Una broma de mal gusto en una representación de la Avellaneda (lanzaron un gato despavorido sobre el escenario en plena función) hizo que el marido saliera en defensa del honor de la autora y desafiara a duelo a quien creyó había sido causante del ultraje. Desgraciadamente, el digno y amoroso cónyuge saldría gravemente herido del lance.

Y aquí nos encontramos con una decisión del todo inusual. La de nuevo acongojada esposa no busca la posible sanación del marido en Francia, como la vez anterior. Tampoco selecciona Alemania o Inglaterra (entonces países considerados a la vanguardia de la ciencia médica), sino Cuba: esa lejana isla en medio del trópico, del todo insalubre y de pobre adelanto científico en comparación con los países europeos mencionados. Tula pone todas sus esperanzas en el cambio de clima, en el recuerdo de aquel sol de arrebato todavía arrebujado en alguna esquina oculta de sus pupilas, iluminando esperanzas. Quiere, en fin, salvar su felicidad en el natal "edén querido".

Por lo anterior, en 1859 hay un retornar como complemento al partir. Su regreso a los orígenes fue todo un acontecimiento en el ambiente cultural criollo. Gertrudis Gómez de Avellaneda fue proclamada Poetisa Nacional y se le otorgó la dirección de una revista cultural. Las invitaciones que recibía la camagüeyana retornada a instituciones y tertulias privadas eran constantes, pues todos se disputaban, como un alto honor, su presencia. Pero la corona de laurel de oro que le colocara sobre la sien Luisa Pérez de Zambrana (otra gran poetisa cubana) no lograría conjurar la de espinas que venía sufriendo Tula desde su partir de Cuba.

Domingo Verdugo nunca logró la mejoría soñada. La pareja regresaría a Madrid en 1863 y antes de que terminara el año Gertrudis enviudaría por segunda vez.

Esta repetida viudez acrecentaría la entrega religiosa de la Avellaneda, determinada por un acentuado misticismo y un régimen de vida de devota frugalidad. Sus costosas joyas terminaron dedicadas a fines píos, incluyendo la corona de oro recibida de sus compatriotas, que donaría a la capilla del Colegio de Belén en La Habana. Sus éxitos literarios se siguieron acumulando al tiempo que su vida se iba apagando. Finalmente, a los 58 años de edad, hay un partir y un regresar simultáneos: de la vida el primero, al polvo el segundo.

Además de una obra poética destacada, de inusuales innovaciones dentro del romanticismo, Gertrudis Gómez de Avellaneda creó una narrativa de no menos importancia. Entre sus novelas cabe destacar *Sab* (de temática antiesclavista y posiblemente su más famosa narración, puede que escrita parcial o completamente en Cuba), *Dos mujeres* (de amargo —y quizás resentido— mensaje contra el matrimonio) y *Guatimozín*, precursora de la novela indigenista posterior. En todas ellas resulta evidente una postura crítica a las convicciones políticas y las convenciones sociales de la época. La pasional Tula fue rechazada por la sociedad; la intelectual Gómez de Avellaneda devolvió el guante.

Su obra dramática no fue menos exitosa, especialmente a finales de la quinta y principios de la sexta década del siglo. Se destacó por sus dramas históricos, del todo característicos del género dentro del movimiento romántico.

Pero el teatro de la Avellaneda alcanza su más alto sitial cuando le sale del alma ensangrentada que se refugia en la religión. Las adaptaciones o interpretaciones bíblicas eran muy comunes en la época, tanto como medio de adoctrinamiento como de purga o purificación personal del autor, convertido en devoto creyente promotor y/o penitente religioso. Con *Saúl* (1849) la joven viuda intentaría cicatrizar la herida sufrida por la muerte de su primer cónyuge. El siguiente drama de raíz bíblica de Gertrudis coincide con el duelo en que resultara gravemente herido su segundo esposo. Su título: *Baltasar* (1858), que es la obra que nos ocupa.

EL PERSONAJE

Baltasar es la traducción greco-latina del hebreo Belshazzar, que a su vez es el equivalente judío de "Bel-sarra-usur", expresión en lengua acadiana (un extinguido idioma semítico) que significaba "Dios proteja al Rey". (Bel era el principal dios babilónico, tenido como la cúspide divina, jefe y señor de todas las demás deidades.)

Según el Libro de Daniel, Baltasar era el hijo de Nabucodonosor, legendario rey de Babilonia, de quien hereda el trono para convertirse en el último monarca del antiguo reino. La descripción de Daniel cubre los últimos tiempos de Nabucodonosor, el breve reinado de Baltasar, y la caída de Babilonia a manos de Darío, rey de Persia.

De acuerdo con la narración de Daniel, el trágico destino de Baltasar fue motivado por el sacrílego uso que este hizo de los cálices de oro y plata pertenecientes al templo judío de Jerusalén que Nabucodonosor había traído como botín de guerra al anexar Judea. Durante un fastuoso banquete con mil de sus príncipes y sus respectivas mujeres y concubinas, mientras el monarca y sus invitados bebían vino en las copas sagradas, una mano mágica o divina escribió una enigmática frase sobre una pared (¿primer caso de grafiti recogido por la historia?) que ninguno de los sabios, magos y adivinos congregados de inmediato pudo descifrar.

Daniel, quien había servido a Nabucodonosor como eficiente intérprete místico y por tal razón había recibido grandes honores, fue urgentemente citado por sugerencia de la reina madre. Esta vez, como en la anterior, Daniel no tuvo dificultad alguna en resolver el enigma, todo contentivo de malas nuevas. No es de extrañar que esa misma noche Baltasar perdiera la vida y Babilonia su independencia.

Otras fuentes le dan un nombre distinto al último rey babilónico. Heródoto de Halicarnaso lo llama Labynitus II, hijo de Labynitus I y Nicotris, y describe la caída de Babilonia a manos de Ciro durante un festín real, coincidiendo con Daniel. El nombre Labynitus empleado por Heródoto es comúnmente interpretado como una corrupción de Nabomidus. Por otra parte, el historiador judío Flavius Josephus anota que los súbditos de Baltasar lo llamaban "Naboandelus", que parece una evidente descomposición de "Nabomidus", por lo que es de suponer que se trata de la misma persona; el nombre semejante de la reina madre (Nicotris) parece confirmarlo. Jenofonte de Atenas también menciona el banquete del monarca babilónico en su caída, aunque no lo identifica por su nombre. Sin embargo, coincide con Daniel en presentar un retrato negativo del último ocupante del trono de la gran Babilonia.

El festín mencionado por todos los historiadores de la Antigüedad parece ser el colofón de un régimen de vida licencioso e impío que, a la postre, conduciría a la muerte

Introducción

de Baltasar y la caída de su reino. El 'grafiti' divino reseñado e interpretado por Daniel no habría sido otra cosa, entonces, que el anuncio de un castigo celestial inminente. Las huestes de Darío habrían actuado, consecuentemente, como herramientas ejecutorias de la drástica sanción ordenada desde las alturas; la historia manipulada por irascibles deidades de juicios inapelables y fuerzas sin contendiente.

Sin embargo, a pesar del retrato negativo de Baltasar que ofrece Jenofonte, el historiador ateniense describe cómo el rey babilónico enfrentó decidido a los invasores persas sin rendirse ni intentar huir. Es más, según el mismo cronista, Baltasar en persona luchó tan diestra y fieramente con su espada, que fue necesario la combinación de las fuerzas y las destrezas simultáneas de dos generales de Ciro (Gobryas y Gadatas) para vencerlo, siendo ultimado en tan desigual combate. Baltasar sería impío; pero no cobarde.

LA OBRA

Baltasar, drama oriental es, sin lugar a dudas, la obra teatral más conocida de Gertrudis Gómez de Avellaneda. Se estrenó en España en el mes de abril de 1858 y fue tal su éxito como espectáculo que el libreto se publicó de inmediato en forma de libro. La pieza no fue menos exitosa como lectura, pues antes de que terminara el año, agotada la primera edición, aparece una segunda. Tanto la representación teatral como el texto impreso llamaron la atención a la crítica especializada contemporánea, como lo demuestra el hecho de que conocidos intelectuales de la época tales como Pedro Antonio de Alarcón y Juan Valera le dedicaran sendos trabajos. A menos de 10 años de su aparición, se publica en México un serio estudio de la obra, por lo que es de suponer que esta haya viajado pronto a Hispanoamérica, donde debe haber repetido la acogida recibida en Europa.

El drama, aunque único en su factura, cuenta con magníficos antecedentes tanto desde el punto de vista artístico como ideológico y hasta argumental. El último se identifica de inmediato en el Libro de Daniel, texto bíblico donde se narra la muerte de Baltasar y la caída del reino babilónico. Es de destacar, sin embargo, que la obra de la Avellaneda no es una simple adaptación o reducción bíblica, muy común en el siglo XIX. En realidad, con la lógica excepción de Baltasar, los personajes principales del drama son ficticios o de muy poco peso en la crónica de Daniel. Es más, aun a aquellos basados en personajes reales, la Avellaneda les da en su recreación una función dramática propia que poco o nada tiene que ver con lo registrado por Daniel. Sirven de ejemplo los casos del destronado rey judío Joaquín y la reina Nitocris, madre de Baltasar. Conjeturo que por tal razón la autora decidió calificar su obra como "drama oriental", desechando el calificativo de "tragedia bíblica" que había utilizado con *Saúl* (1849). El mensaje adoctrinador cristiano es evidente en una y otra pieza, pero en *Baltasar* este se presenta con unas licencias poéticas tan destacadas que, de haber seleccionado Tula el rótulo "tragedia bíblica", es posible que hubiera provocado la cáustica crítica religiosa conservadora de la España decimonónica.

Desde el punto de vista artístico e ideológico, todos los críticos coinciden en señalar el *Don Juan Tenorio* (1844) de

Introducción

José Zorrilla como la influencia más destacada en *Baltasar*. Zorrilla fue el iniciador del romanticismo religioso que se presenta tan acabado en el drama oriental de la cubana. Menos evidente parece ser la influencia de *La cena de Baltasar* (1634) de Calderón de la Barca. Cierto que ambas obras tienen como base argumental el mismo libro del Antiguo Testamento, pero mientras que en el auto sacramental de Calderón los personajes son solamente alegorías y sus versos se ciñen a la trama del texto bíblico, en el drama de la Avellaneda los personajes son de 'carne y hueso', moviéndose en un libreto nada ceñido a la crónica de Daniel.

Otra obra que los críticos consideran de gran influencia en *Baltasar* es *Sardanapalus* (1821) de Lord Byron. Pero tal parece que algunos exageran un poco ese antecedente, viendo influencias donde puede no haber más que coincidencias. Personalmente creo que ambas tragedias tienen tanto en común en la literatura como en la plástica puede apreciarse cuando se comparan *El Festín de Baltasar* de Rembrandt (reproducido en la carátula de esta edición) y *La muerte de Sardanapalus* de Delacroix: el desarrollo de un tema semejante visto desde dos ópticas diferentes en tanto que propias e individuales.

En todo caso *Baltasar* es mucho más que la suma de sus fuentes e influencias. Aunque la anécdota es tomada del Antiguo Testamento (es decir, de un texto talmúdico), la autora lo traspasa ideológicamente al cristianismo: de la muerte sin atenuantes ni redención descrita por Daniel, al perdón universal cristiano por el efecto redimible del arrepentimiento y la constricción. Baltasar se humaniza, Romanticismo de por medio, en el texto de la Avellaneda;

llega, incluso, a amar —sin que pueda ser correspondido. Y aunque el amor no logra conjurar su impiedad, su aceptación del dios de los judíos (que, no olvidemos, es el mismo de los cristianos) es suficiente para borrar los efectos condenables de toda una vida sacrílega. Baltasar, de la mano del defenestrado rey hebreo Joaquín actuando ideológicamente como cristiano, muere en gracia con Dios.

Sin embargo, mi interpretación de *Baltasar* me hace identificar como la característica ideológica más destacada de la obra -si bien pretende mantenerse enmascarada-, no su evidente mensaje cristiano, sino una poco menos que subversiva crítica política. Los largos consejos de la reina madre a su hijo son contentivos de un manifiesto político muy alejado de la realidad española de la época, de rumbo nada estable por la ligereza de sus gobernantes. Recuérdese que Tula era cubana, que consideraba Cuba como su "patria" y no como "provincia de ultramar" según el discurso 'políticamente correcto' de la época. La asfixiante tutela colonial que sufrían los criollos impedía el desarrollo del país, la todavía vigente esclavitud de indios y africanos importados contradecía las más caras convicciones humanas de la rebelde camagüeyana, como lo demuestran sus otras obras. La suma de los 'parlamentos' de la reina pudieran conducir a una imagen subliminal: Baltasar como Gobernador General. Consecuentemente España, como metrópolis colonial, habría de morir, ¿irredenta? Para hacer más atrayente y aceptable este mensaje que nada tiene que ver con Daniel, la Avellaneda lo arropa de amor maternal. ¿Quién va a dudar de la razón del consejo de una madre amorosa? Es más, si conjetura en ristre se asocia Judea con

Introducción

Cuba (como unos pocos años después haría explícitamente un Martí adolescente con Nubia), podría hasta identificarse un mensaje criollo independentista implícito en las ansias de restitución judía.

Baltasar combina, pues, los principios románticos, religiosos y hasta políticos que preconizaba su autora; de ahí su voz propia –en tanto que pieza artística– a pesar de sus semejanzas con otras obras de temática similar o parecida. Y el espectador o lector original no tuvo reparos en comprender, aceptar y aplaudir el polivalente manifiesto de la autora intrínseco en los consejos maternales de Nitocris y las ansias de libertad para Judea y los esclavos, presentes en las justas quejas de los hebreos cautivos.

Pero ahí no termina lo novedoso virtualmente implícito de este "drama oriental", en realidad tan occidental. Desde el punto de vista literario *Baltasar* es mucho más que un libreto teatral. De haberlo sido, no habría tenido el éxito que tuvo (y todavía tiene) como texto de lectura. Ello se desprende de un análisis crítico independiente de las acotaciones de la obra, las cuales no sólo rebasan con creces su objetivo primario de simples instrucciones al personal técnico para la puesta en escena, sino que hasta parecen apartarse del género teatral del cual se supone sean inserciones sin objetivo artístico por sí mismas. En efecto, la meticulosidad de las descripciones escenográficas, la minuciosidad de las instrucciones para el movimiento de los personajes, y el esmero en la delineación de sus estados anímicos presentes en las acotaciones de *Baltasar*, tienen más que ver con un texto narrativo que con la acotación de un libreto teatral. Texto narrativo creado con una voluntad de estilo de tan alto vuelo que, dada la calidad literaria alcanzada, resulta del todo incongruente con un discurso marginal, que es la naturaleza de toda acotación. Por lo anterior deduzco que la Avellaneda persiguió con *Baltasar* dos objetivos paralelos: transmitir su mensaje tanto como espectáculo que como lectura: texto para ver, escuchar y leer; listo para ser visto y escuchado a través de la lectura, cada página o escena convertida en una mise-en-scène privada de cada lector.

Hizo muy bien entonces la Junta Directiva de la Editorial Cubana "Luis J. Botifoll", bajo el liderazgo del Dr. Armando Cobelo, al seleccionar la reproducción facsimilar de la primera edición de esta obra para conmemorar el Segundo Centenario del Nacimiento de Gertrudis Gómez de Avellaneda. La complejidad de la autora resulta cónsona con la de la pieza escogida, y sus intenciones múltiples nada ajenas al lector actual. Pues es el caso que, particularmente en su patria de origen, al menos el mensaje político de *Baltasar* resulta ser del todo vigente en la actualidad. Esta vez no hace falta ninguna mano divina que escriba sobre una pared; Tula se ha encargado de hacerlo en las páginas que siguen. Divinamente.

Eduardo Lolo

Miami, enero de 2014.

BIBLIOGRAFÍA

Altamirano, Ignacio Manuel. *Ensayo crítico sobre* Baltasar: *drama oriental de la señora doña Gertrudis Gómez de Avellaneda*. México: Imp. de F. Díaz de León y Santiago White, 1868.

Álzaga, Florinda. *La Avellaneda: intensidad y vanguardia*. Miami: Ediciones Universal, 1997.

Banusch, Susanne. "*Baltasar,* de la Avellaneda". *Cuadernos Hispanoamericanos* (España) 548 (1996): 121-129.

Gutiérrez, Fabián. "La configuración del personaje en *Baltasar,* de Gertrudis Gómez de Avellaneda". *Teatro: Revista de estudios teatrales* 6-7 (1995): 201-212.

Muro, Miguel-Ángel. "El subgénero teatral religioso: *Baltasar* de Gertrudis Gómez de Avellaneda". *Revista de Literatura* (España) 72.144 (julio-diciembre de 2010): 341-377.

Rexach, Rosario. *Estudios sobre Gertrudis Gómez de Avellaneda: la reina mora del Camagüey*. Madrid: Editorial Verbum, 1996.

Roldán, Amalia. "Tiempos modernos y la pervivencia de los viejos modelos. Tipos femeninos en *Baltasar* de Gertrudis Gómez de Avellaneda". *VII Encuentro de la Ilustración al Romanticismo: Cádiz, América y Europa ante la Modernidad. La mujer en los siglos XVIII y XIX. Cádiz, 19-21 de mayo, 1993*. Canterla, Cinta (coord.). Cádiz: Universidad de Cádiz, 1994: 589-597.

Sánchez-Grey Alba, Esther. "Permanencia del mensaje de *Baltasar* de la Avellaneda." *Círculo: Revista de Cultura* 34 (2005): 36-45.

Sánchez-Llama, Iñigo. "*Baltasar* (1858), de Gertrudis Gómez de Avellaneda (1814-1873): Análisis de una recepción institucional". *Hispanófila* 133 (2001): 69-94.

Zaldívar, Gladys, y Rosa Martínez de Cabrera, eds. *Homenaje a Gertrudis Gómez de Avellaneda*. Miami: Ediciones Universal, 1981.

BALTASAR,

DRAMA ORIENTAL EN CUATRO ACTOS Y EN VERSO,

ORIGINAL

DE LA SEÑORA DOÑA GERTRUDIS GOMEZ DE AVELLANEDA.

Representado por primera vez en el teatro de Novedades en Abril de 1858.

MADRID:
IMPRENTA DE JOSÉ RODRIGUEZ, FACTOR, 9.
1858.

La propiedad de este drama pertenece á su autora, y nadie sin su permiso podrá reimprimirle ni representarle en España ni sus posesiones, ni en Francia y las suyas.

Los corresponsales de la galeria lírico-dramática EL TEATRO, *son los encargados exclusivos de su venta y cobro de sus derechos de representacion en dichos puntos.*

A S. A. R.

El Sermo. Sr. D. Alfonso de Borbon,

Príncipe de Asturias.

SERENÍSIMO SEÑOR:

La excelsa Madre de V. A. se ha dignado permitirme que honre esta humilde obra con el augusto y querido nombre de V. A., y llena de agradecimiento me creo en el deber, al rendir á vuestras reales plantas la pobre ofrenda de mi respeto, de manifestar las razones que me alentaron á solicitar merced tan señalada: razones que, si mi obra logra sobrevivir bajo tan alto patrocinio, á su próxima aparicion en la escena, alcanzarán algun dia del régio ánimo de V. A. benévola excusa de mi atrevimiento.

Baltasar, última produccion dramática que doy al público, fué terminada en los gratos momentos en que saludaba España con inmenso vítor el fausto natalicio de V. A., pudiendo decirse que la última pobre flor de mi vida literaria brotó alumbrada por los primeros resplandores del astro brillante de vuestro excelso destino. Baltasar tuvo, ademas, la dicha de ser honrado desde antes con benévolas simpatías de los magnánimos Padres de V. A., que se han dignado alentar muchas veces mi desmayado espíritu con tan bondadosa indulgencia, que solo ella ha podido resolverme á presentar en la escena obra de tan severa índole y difícil asunto.

En efecto, Serenísimo Señor, la caida del imperio Babilónico, señalad por celeste prodigio, fué más que el hundimiento de un trono: fué un gran suceso providencial de mas alta trascendencia que otras revoluciones análogas. Ciro, anunciado por los profetas, era el escogido para romper las cadenas del pueblo de Dios, para levantarle el nuevo templo... aquel templo en que resonó la divina palabra del Mesias. Con Baltasar, y como él, la copa del festin en las manos y la hiel de la impotencia en el alma, se hundió una civilizacion gastada y corrompida, que entre las púrpuras de la orgullosa reina del Eufrates parecia haber soñado en la fusion de las razas por medio de la prostitucion; celebrando, segun la enérgica expresion de un escritor moderno, con una pascua de libertinaje su primer pensamiento de unidad. Cayó aquella civilizacion anunciando otra ruina mas grande, mas profunda, mas trascendental: la del mundo antiguo, la de la sociedad idólatra, cuya última hora vibraba ya en los oidos de Daniel al término de las setenta semanas, por entre cuyas sombras columbraba los crepúsculos del dia eterno de la verdad.

La cabeza de oro de la simbólica estátua de Nabucodonosor, rodó deshecha á los pies de los soldados de Ciro, dando lugar á un nuevo imperio, que, por nuevo paso providencial del progreso humano, sucumbió á su vez bajo la espada de Alejandro, preparando la unidad del mundo para recibir la luz del Evangelio. El heredero del genio de la Grecia, el que difundió sus ideas, sus ciencias y sus artes con el mismo soplo con que desbarataba los imperios; el que enlazando los dos continentes aspiraba con todas las fuerzas de su gigantesco pensamiento á la fusion universal, no encontró, no podia encontrar la ruta del destino: la clave augusta de aquel enigma santo estaba reservada al rey de paz, al deseado de las naciones. Como Baltasar, Alejandro celebró en la orgía la noche de su gloria, y arrastrando á su sepulcro los heróicos sueños de su genio, dejó en agonía la sociedad sensual y politeista, que tenia ya sucesora y heredera en Roma... ¡en la Roma guerrera y pagana que abria, sin saberlo, con su espada por entre las oleadas de los pueblos, ancho camino á la nueva idea, cuyo advenimiento se habia anunciado en medio de los escombros de Babilonia idólatra, haciendo estremecer los ámbitos inmensos del Asia panteista!

Los siglos son instantes en la vida de la humanidad. En pos de la cabeza de oro de la estátua se habian fundido la plata y el bronce... los dos grandes imperios Persa y Griego; y del mismo modo, Serenísimo Señor, al golpe invisible de la piedrecita desprendida del monte, debia fundirse el hierro sobre los pies de barro del coloso romano. Asi despues de cumplirse as setenta semanas de Daniel, lució la luz para los que yacian entre las sombras de la muerte, y la civilizacion latina cedió el trono del mundo á la civilizacion cristiana, alumbrando desde el capitolio con desconocidos resplandores las sombras y las ruinas de lo pasado, y haciéndolas de grande enseñanza para lo porvenir. Entonces el mundo nuevo comprendió y explicó el antiguo, y el festin sacrílego de Baltasar surgió á los ojos de la filosofia como una de las páginas mas elocuentes de la historia de la humanidad; como el gráfico sello de una civilizacion materialista.

Bajo este aspecto se presentó á mi vista cuando en un momento de temeridad osé comenzar este drama, intentando encerrar en las estrechas dimensiones de una composicion teatral un gran pensamiento filosófico. Confieso, Serenísimo Señor, que no me lisonjea la presuntuosa esperanza de haberlo conseguido, porque siento la debilidad de mis fuerzas; pero he procurado indicar al menos mi idea, haciendo que ningun incidente, ningun personaje, ninguna palabra desdiga en lo mas minimo del carácter que quise dar á mi obra.

Elda y Ruben representan en este pequeño cuadro los dos seres mas débiles y abyectos de la sociedad antigua: la mujer y el esclavo, rehabilitados solo por el cristianismo. En aquellos dos seres encuentra, sin embargo, el déspota oriental el límite invencible de su poder tiránico. Baltasar, el alma devorada por el hastio de la vida entre todos los goces materiales y todas las pompas de la vanidad mundana; el alma sin Dios, que no se satisface con recibir de la tierra las adoraciones que ella le niega al cielo; el alma soberbia, que se imagina sin semejante entre los hombres, encuentra en la mujer y en el siervo la primera revelacion de la dignidad humana y de la pequeñez de las potestades terrestres. El cetro del dios mortal de Babilonia se estrella en la virtud de dos corazones fieles, y en balde les pide el amor y la felicidad de que se halla desheredado en la cumbre solitaria de su grandeza egoista. Ciego Baltasar con la impotencia de su primer deseo, venga su desventura de hombre con su tirania de déspota: huella la virtud que ha negado en su escepticismo, y que encuentra y reconoce para su castigo. La virtud, negándole la dicha, le deja el remordimiento. Comprende en la desesperacion de su aislamiento que existen para el alma goces purísimos que Dios no rehusa á las mas bajas condiciones sociales; pero sí al soberbio que desconoce á sus semejantes en la tierra y á su infalible juez en el cielo. Comprende el vacio inmenso de un alma sin fé ni amor, y quiere ahogar en vano entre los vapores de la orgia el grito de aquel dolor profundo, expiacion providencial del orgullo.

Baltasar, representante del despotismo de los reyes paganos, á par que de la corrupcion e impotencia de una sociedad caduca, no es sin embargo en mi obra un personaje de repugnante odiosidad. He querido pintar en él lo poco que es la mas grande alma cuando no la ilumina la fé ni la fecunda el amor, y en el instante supremo en que se consuma la expiacion un rayo de claridad celeste viene á alumbrar aquella alma descreida, arrancando al arrepentimiento el gemido que no desoye nunca la inagotable clemencia. Joaquin extiende sus manos sobre la cabeza del sacrílego moribundo, perdonándole en nombre del Dios de Abrahan, del Dios único, universal... y resonando todavia aquellos ecos de misericordia sobre la tumba del escéptico, que proclama en su último suspiro la justicia de Dios y la dignidad del hombre, se alza el inspirado acento del profeta anunciando entre las ruinas de la civilizacion arrollada por el soplo divino, la libertad del pueblo escogido y la reedificacion del templo en que será promulgada la nueva ley de gracia que, rompiendo las cadenas de los pueblos y disipando las sombras de la idolatria, hará santa la potestad y gloriosa la obediencia. La ley regeneradora que hará del esclavo el hermano del monarca, y de la mujer la compañera del hombre. La ley en fin, Serenísimo Señor, que renovando la faz del mundo y abriendo inmenso campo por el seno de los siglos al progreso de la humanidad, ha formado ya tantos reyes cristianos, padres, bienhechores de los pueblos, y entre los que cuenta V. A. ilustres progenitores.

Tales son, Serenísimo Señor, sucintamente indicados, el carácter y el pensamiento que he querido prestar á estas páginas. Graves, numerosos defectos descubrirá en ellas la crítica, pero yo suplico á V. A. al ofrecerlas humildemente á sus Reales plantas, que cuando llegue el dia en que pueda y se digne juzgarlas, solo vea benévolo los sentimientos religiosos que me las han inspirado, y la sinceridad con que pido al cielo colme á V. A. de todas las mas sublimes virtudes de los mas grandes monarcas de la civilizacion cristiana, y muy particularmente de la acrisolada fé y caridad inexhausta que tanto resplandecen en los augustos Padres de V. A.

SERENÍSIMO SEÑOR.

A L. R. P. de V. A.

Gertrudis Gomez de Avellaneda.

PERSONAJES.   ACTORES.

ELDA, sobrina de Daniel
(jóven de 16 años).... SRA. RODRIGUEZ.
NITÓCRIS, madre de Baltasar (de 45 á 50 años). SRA. MARTIN.
BALTASAR, rey de Babilonia (de 28 á 30 años). SR. VALERO.
JOAQUIN, ex-rey de Judea (muy anciano).... SR. CALVO.
RÚBEN, nieto suyo (de 20 años)............ SR. ZAMORA.
DANIEL, profeta hebreo (de 40 á 45 años)..... SR. BERMONET.
RABSARES, cortesano (tambien de mediana edad)............... SR. PEREZ (D. LÁZARO).
NEREGEL, ministro, (id.) SR. CÓRIA.
SÁTRAPA 1.º........ SR. SANCHEZ.
SÁTRAPA 2.º........ SR. HERNANDEZ.
MAGO 1.º............ SR. MAFEI.
MAGO 2.º............ SR. TORS.
Sátrapas.—Cortesanos.—Mujeres del rey y del séquito de la reina.—Esclavos.—Guardias.—Pueblo.

ACTO PRIMERO.

Prision de Joaquin. Puerta al foro y otra pequeña al lado izquierdo, que conduce al dormitorio del preso. A la derecha una ventana alta, con reja de hierro, por la que penetra la débil luz que alumbra únicamente aquella lúgubre estancia.

(*La derecha é izquierda que se señala en todo el drama, debe entenderse siempre con respecto al actor*)

ESCENA PRIMERA.

JOAQUIN, ELDA. *El primero sentado en un banco de madera, y pobremente vestido á la usanza hebrea. La segunda sentada á sus pies, leyendo en alta voz el libro de los Profetas, que apoya sobre las rodillas del anciano.*

ELDA.   (*Leyendo.*) ¡Cuán triste y solitaria
de cien provincias la ciudad señora!
La que ayer reina, hoy viuda y tributaria
su duelo ostenta y su baldon devora.
Luto visten sus valles;
no hay en las aras de su Dios ofrendas;
la yerba crece en sus desiertas calles,
y guarda muda soledad sus sendas.»

JOAQ.   Hija, suspende un momento.

tu triste y santa lectura.
¡De ese cuadro la amargura
grabada en el alma siento!

ELDA. Voz tambien de Jeremias
es esta: escucha, señor,
y mitiguen tu dolor
las sagradas profecias.
(*Leyendo.*)
«Llegará tiempo en que del pueblo mio,
—dice el Señor,—escucharé las preces,
y su cáliz fatal romperé pio
antes que apure las postreras heces.
¡Oh, vírgen de Judá! deten el llanto
y suspende la voz de tus gemidos,
que aun se unirá tu jubiloso canto
del címbalo y salterio á los sonidos!»

JOAQ. Arrodíllate y bendice
de tus padres al Dios justo,
que por su profeta augusto
ya aplacado nos predice
misericordia y perdon.

ELDA. (*Arrodillada.*)
¡Bendito, bendito sea,
y que cumplida se vea
la dichosa prediccion!

JOAQ. (*Acariciando la cabeza de Elda con su trémula mano.*)
¡Pobre flor, que tu perfume
en esta mazmorra exhalas,
y cuyas virgíneas galas
mi triste aliento consume!...
¡Flor, que nacida entre abrojos
ni aun llanto tienes por riego...
pues ni aun lágrimas, del ciego
conservan los muertos ojos!...
¡Luzca pronto, luzca el dia
que Dios te ofrece piadoso,
y al pobre ciego reposo
dé entonces la tumba fria!

ELDA ¿Tú morir?... No; ten presente
que eres del Señor ungido,
y que al trono que has perdido

aun quiere alzarte clemente;
pues si alcanza redencion
el pueblo que fué tu grey,
volverá en triunfo su rey
al sólio de Salomon.

JOAQ. De la grandeza pasada
ya ni aun conservo memoria.
¡Huyó cual humo mi gloria...
miré mi púrpura hollada!
¡El cetro!... mi flaca mano
alzarlo pudiera apenas,
despues que infames cadenas
arrastra de un vil tirano.
Para diestra mas pujante
guárdelo el Dios de David;
y aquel Supremo Adalid
me otorgue, cuando triunfante
á sus hijos rescatados
bajo su escudo reuna,
que en la tierra de mi cuna
rinda mis huesos cansados.

ELDA. ¿Pero y tus hijos?
JOAQ.   Mis hijos...
¿No me han prestado consuelo
del cautiverio en el suelo
y entre pesares prolijos?
Déles Dios la recompensa,
y á tí tambien, Elda mia:
á tí, que animosa y pia,
en esta atmósfera densa
marchitando tu beldad,
tu juvenil atractivo,
eres para este cautivo
ángel de santa piedad.

ELDA. Sirvo á mi rey y á mi padre;
¿qué hay en ello que te asombre?
JOAQ. ¡Ah!... Suprime el primer nombre:
basta que el otro me cuadre.
Tu padre, sí; de adopcion
lo he sido siempre, y espero
serlo en breve verdadero
por una plácida union.

	Llegue, llegue presuroso,
	cual Rúben anhela amante,
	de vuestra boda el instante.
Elda.	En tu nieto generoso
	no impera solo el amor;
	que aunque nacido en destierro
	y bajo el yugo de hierro
	del mas indigno opresor,
	no en balde sangre real
	siente correr por sus venas...
	¡Al compás de las cadenas
	no alzará el himno nupcial!
	Aguardemos: confianza
	tengo en la augusta promesa.
Joaq.	(*Levantándose.*)
	Mi alma en el Dios que confiesa
	pone tambien su esperanza.
	Mas ¡ay! no ha mucho que en vano
	presumí, que en nuestra suerte,
	cambio causase la muerte
	de nuestro dueño inhumano,
	y Nabucodonosor
	ya duerme en la tumba helada,
	sin que nada ablande, ¡nada!
	á su infausto sucesor.
Elda.	Calla, que se acerca alguno.
Joaq.	No son pasos de mi nieto.
Elda.	Suele venir sin objeto
	tu carcelero importuno.
	(*Se adelanta á ver quién entra.*)

ESCENA II.

Los mismos, Nitócris, Rabsares.

Elda.	(*Al ver á Nitócris y á Rabsares, que se detienen un instante en la puerta.*)
	¡Ah!...
Rab.	Señora, yo anunciarte debo...
Nit.	No, no es menester. (*Se adelanta.*)
Rab.	(Mi instrumento vas á ser,

¡oh reina!

NIT. (*Arrojando una mirada por aquel horrible calabozo.*)
 (¡El alma se parte
 de compasion!)
JOAQ. (*Bajo á Elda.*) ¿Quién?..
ELDA.   Lo ignoro.
NIT. (*Llegándose á ellos.*)
 Los dioses os den salud.
ELDA. (*Saludándola.*) Señora...
NIT. (*Mirándola con emocion.*)
 (¡Qué juventud!)
 Joaquin... tu suerte deploro.
JOAQ. ¿Quién eres tú, que hallas franca
 la puerta de esta prision?
NIT. Quien sabe tu situacion,
 que piedad del pecho arranca.
 La madre de Baltasar.
JOAQ. ¡La reina!...
NIT.   La reina, sí;
 que benigna llega aqui
 vuestro infortunio á templar.
 (*A Elda.*) De Daniel tu noble tio
 en mucho aprecio el saber,
 y anhelo favorecer
 por él al pueblo judio.
ELDA. ¡Oh, señora!...
JOAQ.   ¡Qué oigo!
NIT. (*A Elda.*)   Quiero
 darle amparo á tu horfandad;
 y obtener tu libertad
 muy pronto, Joaquin, espero.
 Poco ha que alcancé esa gracia
 para tus hijos del mio,
 y que no niegue confio
 nuevo alivio á tu desgracia;
 pues si aun no es llegado el dia
 de entera reparacion,
 consolarte en tu afliccion
 será desde hoy mi alegria.
JOAQ. Pueda mi alma agradecida...
NIT. Basta.—Tú, vírgen hermosa,

no en la cárcel tenebrosa
sepultes tu edad florida.
Junto á mí, y en el palacio,
asilo augusto te doy,
y á tener vas desde hoy
hogar, madre, luz y espacio.

ELDA. ¡Yo!... (*Con cierto pavor.*)
JOAQ. Permite que á tus pies...
NIT. No, levanta!
JOAQ. Su hermosura
se marchita en esta impura
mazmorra... si, tú lo ves.
¡Cumple tu promesa!.. ¡Salva
á ese ángel de mi destierro!
NIT. No le hallará en este encierro
de nuevo la luz del alba.
RAB. (¡Mi designio se logró!)
ELDA. (*A Joaquin con espanto.*)
¡Yo abandonarte?...
JOAQ. Hija cara,
harto de tu piedad rara
el triste viejo abusó.
ELDA. ¡Nunca! déjame á tu lado.
¡Tu cárcel es mi universo!
JOAQ. El cielo me fuera adverso
si aceptara despiadado
tu sublime sacrificio.
No, Elda amada, sé dichosa,
de esta princesa gloriosa
recibiendo el beneficio.
NIT. Veros podreis con frecuencia.
JOAQ. ¿Oyes?.. (*A Elda.*)
ELDA. ¡Ah!...
JOAQ. Verme podrás.
NIT. Y libre en breve.
JOAQ. ¡Eso mas!
¿Qué importa tan corta ausencia?
ELDA. ¡Padre!... (*Echándose en sus brazos.*)
JOAQ. (*Estrechándola contra su corazon.*)
¡Oh hija!.. ¡oh hija!...
NIT. Os dejo
explayar vuestra ternura.

Elda sabrá en su cordura
seguir dócil el consejo
del que su padre apellida,
y tú, venerable anciano,
no afligido, sino ufano
recibe su despedida.
Para llevarla á mi lado
Rabsares volverá presto,
y yo á cumplirte me apresto
la esperanza que te he dado.
¡Las deidades que venero
cambien tu suerte enemiga!

Joaq. ¡Que á tí, oh reina, te bendiga
el solo Dios verdadero!
Nit. (*A Rabsares, al salir.*)
Grato deber he cumplido,
Rabsares, gracias te debo.   (*Se vá.*)
Rab. (*Al seguirla.*)
(Yo á dártelas no me atrevo,
aunque á mi antojo servido.)

ESCENA III.

Joaquin, Elda, *y despues* Rúben.

Joaq. ¿Ves cuán pronto del profeta
las promesas bienhechoras
van á cumplirse?.. ¿Y tú lloras?..
¿De qué tu pecho se inquieta?
Elda. Perdóname, padre mio...
razon mi espanto no tiene,
y aqui nuestro Rúben viene
para darme esfuerzo y brio.
Rub. (*Que se supone ha encontrado á la reina, y la sigue con la vista, sorprendido.*)
¡Es ella!.. ¡si!.. (*Acercándose.*)
¿Qué me anuncia
de Nitócris la visita?
Joaq. Que sea ¡oh hijo! bendita,
antes que todo pronuncia.
Rub. ¡Padre!.. ¡me sorprendes tanto!..

JOAQ. (*Señalando á Elda.*)
Ya no verás su belleza
marchitarse en la tristeza
y consumirse en el llanto.
Que ella propia te refiera
de su suerte la mudanza,
y la imprevista esperanza
que hoy nos luce lisonjera;
yo entre tanto en soledad
mil gracias rendiré á Dios,
encomendando los dos
á su infinita bondad.
(*Se va por la puerta lateral, guiándolo Elda, que vuelve á la escena.*)

ESCENA IV.

RÚBEN, *y luego* ELDA.

RUB. (*Despues de un momento de silencio.*)
¿Mi padre anuncia un cambio venturoso
y Elda los ojos baja estremecida?..
¿Qué quiere decir esto?
(*A Elda, que vuelve llorosa.*) ¡Por tu vida!
¡Habla presto, mi bien! ¡habla á tu esposo!
¿Por qué lloras asi?
ELDA. ¿Posible fuera
dejar esta mansion sin duelo y llanto,
si en ella vi correr mi edad primera,
y aqui escuché tu juramento santo!
RUB. ¿Es pues tu ausencia, ¡oh Dios! tu ausencia
es el comienzo de la nueva suerte?.. (impia
¡Yo ni el cetro del mundo compraria
á precio, oh Elda, de cesar de verte!
¿Dónde quieren llevarte? ¿Con qué intento?
¿Qué dicha puede haber que yo ambicione
á trueque de tan bárbaro tormento?..
¿Quién la fatal separacion dispone?
¡Dilo!
ELDA. La desventura que nos hiere
de Nitócris lastima el pecho egregio,
y darme asilo venerable quiere

de Babilonia en el alcázar régio,
cual principio feliz de otros favores.

RUB. (*Con impetuosidad.*)
Yo los hubiera al punto rechazado,
—«¡y aquí!—le hubiese dicho—¡aqui he pa-
todos mis goces, todos mis dolores! (sado
En el recinto de tan triste estancia
mi juventud se alberga desvalida,
y aqui mi amante y yo desde la infancia
vivimos juntos de una misma vida;
bien como dos arbustos infelices
que bajo extraño sol lánguidos crecen,
y entrelazando ramas y raices
arrimo mútuo y fraternal se ofrecen.»

ELDA. Asi le hablára yo, ¿mas no seria
con mi nacion y con mi rey injusta,
si rechazando la clemencia augusta
la convirtiese en odio?.. No debia
á tal riesgo exponerme; ni he podido.

RUB. ¿Pero la reina?..

ELDA. Aligerar el yugo
quiere de nuestro pueblo, y aun le plugo
aqui anunciar con labio conmovido,
la libertad del ciego desgraciado.

RUB. ¡Qué dices!..

ELDA. Su piedad trocarse en saña
sin duda haré con mi repulsa extraña,
y agravaré nuestro infeliz estado...
Pero dispuesta estoy si tú lo ordenas:
yo lo pospongo todo á tu deseo,
y en las dichas mayores nada veo
que me consuele de causar tus penas.

RUB. No; no soy sordo del deber al grito.
Tengo una patria... un padre á quien adoro...
¡Acepta!.. ¡Acepta; si!.. Yo lo permito...
Yo te prometo sofocar mi lloro.

ELDA. Al escucharte se redobla el mio
inundando mi rostro.

RUB. (*Tomándola la mano.*) ¡Vírgen cara!
¡Amiga! ¡hermana!.. ¡amante!.. Yo confio
en que para bien nuestro nos separa
la Providencia. Término dichoso

á tantas pruebas compasivo el cielo
pondrá sin duda, y cumplirá mi anhelo
de verme pronto tu feliz esposo.

ELDA. En el fondo del alma brotar siento,
por mas que la razon se esfuerza y lucha,
no sé que vago, atroz presentimiento...
RUB. (¡Tambien yo!)
ELDA. ¿Ves cual tiemblo?
RUB. ¡Oh Elda! escucha.
Ya gozo libertad; nada me impide
correr á disfrutar donde tú mores
horas de dulce encanto. Si; no llores.
No es grande el sacrificio que nos pide
el sagrado deber. Mas grato es vernos
fuera de esta mazmorra, en que respiras
atmósfera letal.
ELDA. Dó quier que miras
¿no ves, ¡Rúben! no ves recuerdos tiernos
que estimar debe el triste que los deja?..
Allí al primer destello matutino
(*Señalando los sitios de que habla.*)
que traspasaba por la angosta reja,
orábamos los dos al Ser Divino;
y el pajarillo que acudir solia
á recoger un grano de mi diestra,
sus dulces cantos jubiloso unia
al triste son de la plegaria nuestra.
Allá tomamos el frugal sustento,
que antes bendijo la paterna mano,
y en ese banco se adurmió el anciano
dándole arrullo mi amoroso acento.
RUB. (¡Ah!..)
ELDA. ¡Cuántas noches de vigilia inquieta,
en que medrosa se agitaba su alma,
tú le volviste la perdida calma
con la santa lectura del profeta!
¡Cuántas mi mano con amor secaba
la última gota de su lloro amargo,
cuando en sus labios, con murmurio largo,
aun la postrera bendicion vagaba!
RUB. ¡Calla!.. (*Vivamente conmovido.*)
ELDA. (*Señalando la ventana.*)

Esa nube, que celajes rojos
tiende del cielo en el azul brillante,
¡es la misma tal vez que nuestros ojos
ayer siguieron en su curso errante!..
¡Y luego, luego brillará la estrella
á que dimos los dos nombres ignotos,
y cada noche se aparece bella,
testigo á ser de nuestros tiernos votos!

Rub. ¡No mas!..

Elda. ¿En dónde hallar estas memorias
de gozo y de dolor, dulces al pecho?..

Rub. ¡Elda! !

Elda. ¿Qué resplandor de agenas glorias
me hará olvidar la sombra de este techo?

Rub. ¡Mi padre!—Ten valor. (*Mirando dentro.*)

Elda. Si; no adivine
estas lágrimas...

Rub. No; sécalas pia...
Solo el deber tu corazon domine...
¡Mi fortaleza imita, esposa mia!
(*Se adelanta á prestar apoyo al ciego.*)

ESCENA V.

Los mismos, Joaquin.

Joaq. (*Al tomar el brazo de Rúben.*)
¿Rendisteis gracias al cielo
por las mercedes de hoy?

Rub. ¿No lee en los corazones
¡oh padre! su excelso autor?
Siéntate. (*Lo hace Joaquin.*)
Pronto, lo espero,
dejarás esta prision
tan horrible.

Joaq. Aunque quisiera
calentarme libre al sol,
y respirar auras puras
en vez de infecto vapor,
no por gozar tales bienes
mis vivos afanes son.
(*A Elda.*) Cerca estarás de Nitócris:

| | si mereces su favor
| | no olvides ¡oh hija! que esclava
| | gime la triste Sion.
| ELDA. | No, padre.
| JOAQ. | ¡Fiel á tu pueblo
| | sé siempre; fiel á tu Dios!
| ELDA. | ¡Ah, yo lo juro!
| JOAQ. | (Señalando al cielo.) ¡Él te escucha!
| ELDA. | (Arrodillándose.)
| | Y aquí á tus plantas, señor,
| | ratifica el sacro empeño
| | con nueva fuerza mi voz.
| | (Con solemnidad.)
| | ¡Juro conservarme fiel
| | á Dios, mi patria y mi amor!
| RUB. | (Arrodillándose tambien.)
| | Y yo, aceptando tus votos,
| | mi mano ¡oh Elda! te doy
| | ante mi padre y el cielo.
| JOAQ. | (Levantándose y extendiendo sus manos, con ademan solemne, sobre las cabezas de los dos jóvenes, arrodillados á sus pies.)
| | ¡De Abraham, de Isac, de Jacob
| | Padre inmortal! ¡Ser sublime
| | de cielo y tierra Hacedor!
| | yo en tu nombre sacrosanto,
| | que adora la creacion,
| | recibiendo las promesas
| | que han pronunciado los dos,
| | una y tres veces bendigo
| | su casta y eterna union!
| | ¡Santifícala en tu gloria,
| | y sé de ellos protector!
| RUB. | (Levantándose, y tambien Elda.)
| | Este anillo que te entrego
| | mi santa madre llevó
| | hasta su último suspiro.
| ELDA. | Y hasta marchar de ella en pos,
| | cual prenda de fé sagrada
| | te ofrezco llevarlo yo!
| JOAQ. | Pisadas oigo.
| RUB. | ¡Se acercan!

Elda. (Se me oprime el corazon.)
Rub. (*Bajo á Elda.*)
¡Oh, esposa! ¡llega el instante temido!
Elda. Tendré valor.

ESCENA VI.

Los mismos, Rabsares, *Esclavos con presentes.*

Rab. La excelsa madre del rey,
de quien siervo humilde soy,
estos regalos te envia
en muestra de proteccion,
noble vírgen. Llegar debes
ornada con esplendor
á su presencia.
Elda. ¡Yo!...
Joaq. ¡Cuántas bondades!
Rab. Sin dilacion
prepárate á complacerla.
Elda. Te següiré, pronta estoy;
mas no trueco por ninguno
el traje de mi nacion,
ni á una cautiva convienen
joyas de tanto valor.
Joaq. Discúlpela su modestia.
Rab. Yo he cumplido mi mision.
(*A Elda.*) Nitócris te espera.
Joaq. (*Con voz conmovida.*) Parte
¡oh hija amada! Del Señor
á la guarda te encomiendo.
Elda. (*Besando su mano.*)
¡Adios, padre mio!
Joaq. (*La abraza.*) ¡Adios!...
¡Los ángeles te acompañen!
Elda. (*Tendiendo la mano á Rúben.*)
¡Hermano!...
Rub. Contigo voy.
Elda. No; reemplázame á su lado,
consolando su afliccion...

mas no me olvides.

RUB. ¡Yo!... ¡nunca!

ELDA. (*A Rabsares.*)
¡Salgamos!
(*Se vá con esfuerzo, y la siguen Rabsares y los esclavos.*)

JOAQ. (*Con angustia, despues de un momento de silencio.*)
¿Marchó?...

RUB. (*Acercándosele.*) ¡Marchó!

ESCENA VII.

JOAQUIN, RÚBEN. (*Otra pausa.*)

JOAQ. (*Que oye los ahogados sollozos de su nieto.*)
¡Llora, si, llora!... tus ojos
ya no verán cada instante
aquel hermoso semblante
que ahuyentaba los enojos.
No ya del labio inocente
gozarás la dulce risa,
que cual balsámica brísa
purificaba este ambiente;
ni llenará mi prision
de aquella voz el sonido,
que regalando el oido
confortaba el corazon!

RUB. ¡Oh, padre!...

JOAQ. Nuestra amargura
tiene, no hay duda, el consuelo
de saber que quiere el cielo
de Elda labrar la ventura,
y que al pueblo esclavo y triste
no pone Dios en olvido.

RUB. Gran deber hemos cumplido,
y ese gozo nos asiste.
Pero alguien llega.—Es Daniel.

ESCENA VIII.

Los mismos, Daniel.

Dan. Que Dios con vosotros sea..
Joaq. Él de la nacion hebrea
se ostenta protector fiel.
Dan. Lo sé, Joaquin: su justicia
puede afligirnos severa,
mas que triunfe no tolera
del perverso la malicia;
pues si aquel astucia alcanza,
dió el cielo prudencia al bueno.
Rub. ¡Turbado estás!...
Dan. No... sereno;
porque en su fé se afianza
mi corazon, y á burlar
viles planes vengo aquí.
Joaq. ¡Cómo!
Rub. ¡Explícate!
Dan. (A Joaquin.) De tí
no dejes nunca apartar
á mi inocente sobrina.
Rub. ¡Elda!...
Joaq. (¡Cielos!)
Dan. Su quietud,
su pureza y su virtud
peligran.
Joaq. (¡Piedad divina!)
Rub. ¡Peligran!...
Dan. ¡Oh, sí!... ¡escuchad!
(*Breve y solemne pausa, durante la cual Joaquin y Rúben respiran apenas, en angustiosa expectativa.*)
De Nabucodonosor,
aquel tirano opresor
de la triste humanidad,
nació el déspota que al mundo
postrado á sus plantas mira,
y no lo huella con ira,
mas sí con desden profundo.

No puso Dios en su seno
un corazon bajo, no,
pero temprano agotó
de los vicios el veneno.
Desde la cuna potente,
dichoso desde la cuna,
no encontró gloria ninguna
que conquistarse valiente.
Todo lo tuvo al nacer;
de todo pudo abusar;
poseyó sin desear
y disfrutó sin placer.
Vió en sus dioses vanos nombres,
sus caprichos en las leyes,
su herencia en el mundo... ¡y greyes,
viles greyes en los hombres!

Rub. ¡Sigue!
Joaq. ¡Sigue!
Dan. Saciado
de mando, grandeza y goces,
ya con arrugas precoces
se halla su rostro surcado,
y en la edad bella y florida,
mústia y enervada su alma,
se postra sin hallar calma,
por el tédio consumida.
¡Tal es el rey Baltasar!
¡Tal la extraña situacion
en que lo vé esta nacion,
que desdeña gobernar!
Aquel príncipe absoluto
que manda en provincias tantas,
y á cuyas soberbias plantas
los reyes rinden tributo,
de su molicie al excèso
y por desprecio al poder,
en manos de una mujer
del cetro depone el peso.

Joaq. ¿Su madre?...
Dan. Que es generosa
y de su imperio no abusa,
aunque de hacerlo la acusa

toda la córte celosa.
Son por su influjo ofendidos
los que ejercerlo ambicionan,
y su virtud no perdonan
los sátrapas corrompidos.

JOAQ. ¿Rabsares?...
DAN. Cobarde adula
á la misma en cuyo daño,
con maña y talento extraño
las intrigas acumula;
mas todas hasta el presente
se estrellan en la desidia
del rey, y en balde la envidia
con él se esfuerza elocuente.
Ministros y cortesanos
por sacarle de tal sueño,
se ligan con grande empeño,
y agotan arbitrios vanos.

JOAQ. Pero... (*Con ansiedad.*)
RUB. ¿Y Elda?.. (*Vivamente.*)
DAN. Entre millares
de recursos que se inventan,
uno hay nuevo, conque cuentan
por consejo de Rabsares.

JOAQ. ¿Cuál?.. (*Con ansiedad.*)
DAN. Del amor la energia
presumen la reanime,
si con su fuego sublime
enciende aquella alma fria!

RUB. ¡Qué?...
DAN. Las mujeres mas bellas
que adornan el régio haren
ya solo alcanzan desden...

JOAQ. ¡Acaba!..
DAN. ¡Pero hay doncellas
de pureza inmaculada
entre la gente judia!...

RUB. ¿Y osarán?...
DAN. ¿Qué gerarquia,
pudiera ser respetada!

JOAQ. ¡Justo Dios!
DAN. Conozco el plan;

sé lo que intentan malvados
que sentimientos sagrados
con perfidia explotarán.
Sé que las nobles piedades
de la princesa á quien venden,
es el manto en que pretenden
envolver iniquidades...
¡Sé que han visto á mi sobrina,
que nos la quieren robar,
destinando á Baltasar
su belleza peregrinal..

Rub. ¡Ah!... ¡corramos!
Dan. ¡Rúben!..
Joaq. Muero!
(Cae desfallecido en el banco.)
Rub. ¡Juro salvar á mi esposa!
Dan. ¡Tente!.. ¡Oh Dios! esa espantosa
agitacion...
Rub. ¡Golpe fiero
te anuncia!—¡Sígueme!
Dan. ¿A dónde?
Rub. ¡Al alcázar del tirano!
Joaq. (Con desesperacion.)
¡Yo mismo la entregué insano!
Rub. ¡Salvarla me corresponde!
(Se vá precipitadamente.)
Joaq. ¡Oh! ¡si! ¡sálvala, hijo mio!
Dan. (Levantando las manos al cielo, y avanzando al medio del teatro.)
¡Rey de reyes! ¡tu voz mande!
¡¡Yo mi causa te confio,
porque tú solo eres grande!!

FIN DEL ACTO PRIMERO.

ACTO SEGUNDO.

Es de noche.—El teatro representa los jardines del palacio de Babilonia; decorados con fuentes, obeliscos, estátuas, etc., y profusamente iluminados.—A la derecha, lujosos asientos para el rey y su madre, bajo dosel de flores.—Al fondo, por entre alamedas en que se pierde la vista, aparecen grupos de mújeres ataviadas con magnificencia, que templan instrumentos músicos, tejen guirnaldas, y queman perfumes en pebeteros de oro.

ESCENA PRIMERA.

Nitócris, Rabsares, *saliendo ambos por la derecha.*

Nit. Todo está bien; ¿mas qué causa
tiene tan súbita fiesta?
Rab. Para distraccion del rey
la han dispuesto con su vénia
los ministros.
Nit. ¡Distraccion!..
¿Pues qué cuidados le asedian?
¡Harto olvida Baltasar
que empuña un cetro su diestra!
Rab. Si nuestro augusto monarca
suele, señora, dar treguas
á los deberes del trono,

bien á sus reinos compensa
de aquella leve desidia
tu maternal providencia.
Tú mandas cuando el rey calla;
cuando él se aduerme tú velas;
y tu gloria se engrandece
cuanto mas la suya amengua.
¿Qué no debe Babilonia
á tu bondad?

Nit. Basta: cesa.
Rab. Si el Eufrates caudaloso
se apartó de su carrera
durmiendo en lagos profundos,
que aun hoy absorta contempla
nuestra vista; si al soltarse
con impetuosa soberbia
para volver á besar
sus dos distantes riberas,
las encontró ya enlazadas
con puente inmenso de piedra...
Si murmurando sus ondas
corren, en canales presas,
y con mil giros tortuosos
vastísimos campos riegan;
¿qué mano sino la tuya
pudo obras tan gigantescas
llevar á cabo, y legarlas
al porvenir para eterna
gloria del asirio nombre?

Nit. Hay quien beneficios siembra
y recoge ingratitudes.
Rab. (*Turbado.*) Señora...
Nit. Se juzga afrenta
que rija mi débil mano
de un grande estado las riendas.
Rab. Yo ignoro... (¿Me habrán vendido?)
Nit. Contra mí planes conciertan
los sátrapas.—No te turbes,
ni en tu pecho el temor quepa
que yo no acojo en el mio.
¡Plegue á los dioses que sean
de mis contrarios los votos

cumplidos!—Que de su inercia
saliendo al fin Baltasar
llenar sus deberes quiera,
y yo en modesto retiro
gozando oscura existencia,
de su glorioso reinado
admire ilustres empresas!

Rab. Para ese empeño, señora,
poco son humanas fuerzas.

Nit. ¡Ah! ¡no! yo tengo esperanza.
No se postra por flaqueza
del rey el ánimo grande.
Duerme su alma, no está muerta.

Rab. ¿Y presumes?..

Nit. Que habrá dia,
y aun acaso ya esté cerca,
en que salga del letargo
por sacudida violenta.

Rab. (¿Sospechará?..)

Nit. Del reposo
que su viril pecho enerva,
puede arrancarlo el peligro
que á mí mujer me amedrenta.

Rab. Un peligro?...

Nit. Se coligan
contra nos Medos y Persas.

Rab. Aun guardan en sus cervices
del yugo asirio las huellas
esas naciones, que al nombre
de Babilonia se aterran.
Si olvidáran lo pasado
aun ven surgir por do quiera,
para escarmiento de audaces,
lecciones harto sangrientas.
Que le pregunten á Tiro
si la salvó su opulencia
del rigor de nuestro enojo.
¡Que alcen Samaria y Judea
su abatida faz, y digan
qué hicimos de sus diademas!

Nit. ¡Ay! esos pueblos hollados
en nuestro seno se albergan,

circulando la venganza
sorda y profunda en sus venas.
Ser como Dios adorado
de las naciones sujetas
por sus armas, de Nabuco
fué la ambicion altanera,
y desdeñó el ser querido:
Baltasar su orgullo hereda
sin que su gloria le excuse
ni sus triunfos le enaltezcan.

Rab. Pero tus nobles piedades
los enconos que ponderas
aplacar saben. ¿No gozan
de tu proteccion excelsa
los cautivos de Judá?
Daniel, por que tú lo ordenas,
¿no es del pueblo venerado?
y entre los sabios se cuenta?
¿No se abren de las prisiones
á tu mandato las puertas,
y hasta al ciego destronado
no ha llegado tu clemencia?

Nit. ¡El corto bien que hacer pude
cuánto ya los dioses premian,
dándome el afecto puro
de un alma cual noble tierna!—
Es un tesoro, Rabsares,
de gracia y virtudes Elda.

Rab. Por mi consejo piadoso
hoy á tu lado se encuentra.

Nit. Si, mi pecho agradecido
la obligacion te confiesa.

Rab. Pues ahora depon temores,
indignos de tu alma régia,
que Baltasar se aproxima
y aqui su ministro llega.

Nit. Al encuentro de mi hijo
debo correr la primera.
(*Se vá por la izquierda al entrar Neregel,
que la saluda inclinándose profundamente,
y luego se llega á Rabsares, que le sale al
encuentro.*)

ESCENA II.

Rabsares, Neregel.

Rab. ¡Neregel!..
Ner. ¿Verá esta noche
el rey á la esclava hebrea?
Rab. Entre sus damas la trae
la reina.
Ner. ¿Y nada sospecha?
Rab. Pone en mí su confianza:
ni aun columbra nuestra idea.
Ner. ¿Y es tan grande la hermosura
de esa esclava...
Rab. Vas á verla:
aquí viene.
Ner. Yo me aparto.

ESCENA III.

Los mismos, Elda, Damas.

Rab. (*Saliendo al encuentro de Elda.*)
Recibe jóven...
Elda. ¿La reina?..
Rab. Recibe mis parabienes.
Con tu dicha se enajenan
corazones que tomaban,
no ha mucho, parte en tus penas.
Elda. Gracias.—Busco á mi señora.
Rab. Con su hijo augusto se acerca,
pues la régia comitiva
ya en estos jardines entra.
(*Comienza á entrar el séquito real.*)
Elda. (*A sus compañeras.*)
A nuestro puesto corramos.
Rab. (*Bajo.—Deteniéndola.*)
No olvides, noble doncella,
que á un gesto de Baltasar
se quebrantan las cadenas
de los míseros cautivos.

Elda.   Que de Dios cumplida sea
la voluntad soberana.

ESCENA IV.

Los mismos, Rúben, *entre los de la comitiva, con traje babilonio, y despues* Baltasar *y* Nitócris. *La comitiva que precede á Baltasar, compuesta de cortesanos y esclavos, se extiende por ambos lados del teatro, donde tambien se colocan las damas de la reina. Del fondo se destacan las esclavas del rey á la entrada de este.*

Elda.   (*Que al ir por la izquierda á recibir á Nitócris se encuentra con Rúben.*)
¡Ah!!..
Rub.   ¡Silencio! ¡no te pierdas!
(*Este corto diálogo, muy vivo y en voz baja.*)
Elda.   ¡Tú disfrazado!.. ¡tú aqui!
Rub.   Se halla en riesgo tu inocencia.
Elda.   ¡Cielos!..
Rub.   ¡Pero yo la guardo!
Elda.   Si te descubren...
Rub.   ¡No temas!
(*Hace seña á Elda de que continúe, y ella sale un instante en pos de sus compañeras, para entrar en seguida con la reina.*)
Ner.   (*Bajo á Rabsares.*) Me parece que la esclava
y aquel hombre, con cautela
breves palabras trocaron.
Rab.   (*Sin mirar á Rúben, que se oculta entre otros.*)
¡Si es en la córte extranjera!
Hé aqui al rey.
Ner.   (*A las mujeres del rey, que se agrupan al fondo.*)
Nubes de aromas
por todo el aire se extiendan,
y de sus gracias y encantos
alarde haciendo las bellas,
resuenen plácidos sones

que ufano el eco devuelva!
(*Rompe una música suave, que se supone de citaras y otros instrumentos que tañen las esclavas; mientras varias de ellas esparcen perfumes, y otras se adelantan con cadenciosos pasos, al compás del himno que entonan las demas, formando en el centro graciosas figuras y mudanzas, y entrelazando guirnaldas que al fin de la danza rinden á los pies del rey.—Baltasar entra con su madre al comenzar el himno; atraviesa la escena y va á sentarse en el divan dispuesto para él, ocupando Nitócris su izquierda.—Todos se inclinan profundamente al entrar el rey.*)

HIMNO.

Deslumbra con sus rayos
la majestad suprema
que brilla en la diadema
del nieto de Nemrod.
Fatigan á los vientos
los ecos de su fama;
la tierra le proclama
de Babilonia dios.

Suyo es cuanto el Eufrates
con su caudal fecunda,
cuanto el Tigris circunda,
cuanto baña el Jordan.
Los dioses le sonrien,
le adoran los amores,
y ante sus pasos flores
derrama la beldad.

Balt. ¡Basta! (*Con cansancio.*)
Ner.   Señor, prosternada
á tus plantas la hermosura,
bendecirá su ventura
si le das una mirada.
Balt. (¡Siempre lo mismo!...)

Ner.   Temblando
oso esperar que la fiesta
para obsequiarte dispuesta,
mires con aspecto blando.
Balt.   Si... despliegas mil primores...
me circundas de placeres...
(*Levantándose y dando con el pié á las guirnaldas extendidas ante él, pasa sin mirarlas por entre las mujeres arrodilladas, que se levantan confusas y avergonzadas.*)
Mas váyanse esas mujeres
y arroja de aqui estas flores!
Ner.   Perdone mi rey... (*Todo turbado.*)
Rab.   (¡No hay medio!)
Balt.   ¡Tanto incienso me sofoca!
Ner.   (*Balbuciente.*)
Queriendo en mi audacia loca
luchar contra el hondo tédio
que solo te causa enojos....
Balt.   ¿Fué tu arbitrio omnipotente
el condensarme el ambiente
y el fatigarme los ojos?
Ner.   (*Doblando una rodilla.*)
Torpe soy... que tu clemencia...
Rab.   (*Tambien en ademan suplicante.*)
Discúlpelo, oh rey, su celo.
Nit.   Fué complacerte su anhelo.
Balt.   Bien está.—Tendré paciencia!
Mas dí, Neregel,—¿no hay nada
nuevo en el mundo?
Ner.   Señor...
Balt.   ¿No hay mas que viejo esplendor?
¿No hay mas que pompa gastada...
placeres que se acumulan
y ni aun vil antojo encienden...
hermosuras que se venden
y cortesanos que adulan?
(*Todos los cortesanos confusos se miran unos á otros, y las mujeres se desvian humilladas.*)
Ner.   Señor...

BALT.	Si quieres vencer
este infecundo fastidio,
contra el cual en balde lidio,
porque se encarna en mi ser,
¡muéstrame un bien soberano
que el alma deba admirar!...
y que no pueda alcanzar
con solo extender la mano.
Dame, no importa á qué precio,
alguna grande pasion
que llene un gran corazon
que solo abriga desprecio.
¡Enciende en él un deseo
de amor... ó de odio y venganza!
¡pero dame una esperanza
de toda mi fuerza empleo!
¡Dame un poder que rendir...
crímenes que cometer,
venturas que merecer,
ó tormentos que sufrir!
¡Dame un placer, ó un pesar
digno de esta alma infinita,
que su ambicion no limita
á solo ver y gozar!...
¡Dame, en fin, cual lo soñó
mi mente en su afan profundo,
algo... mas grande que el mundo!
algo... mas alto que yo!
NER.	Un imposible deseas.
RAB.	No es dable, gran rey, que exista
ni fuerza que te resista,
ni dicha que no poseas.
BALT.	¿Si?... ¡conque soy tan dichoso!..
NER.	¡Los inmortales te envidian!
BALT.	Quizá tambien se fastidian
de su sublime reposo.
¡Oh Neregel! si es verdad
que el agradarme es tu intento,
hazme olvidar un momento
mi inmensa felicidad!	(*Vuelve á sentarse.*)
NIT.	Pues te dieron, oh hijo mio,
tan vasto imperio los cielos,

te imponen hartos desvelos
conque llenar el vacio
de esa alma grande y ardiente.
¿Por qué, pues, se ostenta en vano
el sacro cetro en tu mano,
la áurea corona en tu frente?

Balt. ¿Y qué he de hacer?
Nit.   ¡Gobernar!
Balt. Sobran en los pueblos leyes.
Nit. Pero es deber de los reyes
el hacerlas observar.
Balt. ¿Y será el mundo mas bueno
si ese cuidado me afana?
¿No lleva la especie humana
desórden, vicio en su seno?
¿Castigo y premio, señora,
qué bienes han producido?
¿Lo mismo que antes han sido,
no son los hombres ahora?
Nit. Pero rigiendo á esos hombres
tus preclaros ascendientes,
se hicieron armipotentes
y eternizaron sus nombres.
Balt. (*Con sarcasmo amargo.*)
¡Oh!.. ¡si!.. yo envidio su suerte,
y en esto, madre, me fundo...
¡Los hizo dioses el mundo
á par que polvo la muerte!
Nit. Son sus glorias inmortales.
Balt. ¿Y en qué consisten sus glorias?
Nit. ¡En conquistas, en victorias
que conserva en sus anales
el tiempo!
Balt.   Yo no haré guerra,
que brinde pasto á los cuervos,
por un palmo mas de tierra
y un rebaño mas de siervos.
Nit. ¿Mas no tiene un rey deberes?..
Balt. ¡Si! devorar su impotencia.
Nit. ¿Qué mal sufres?
Balt.   ¡La existencia!
Nit. ¿No encuentras dó quier placeres;

       y no lo es grande, señor,
       prestar consuelo al que llora?
Balt. Soy tan dichoso, señora,
       que tengo envidia al dolor!
Nit.   El derramar beneficios...
Balt. Se convierten en veneno
       cayendo en indigno seno.
Nit.   Méritos hay.
Balt.   Sobran vicios.
Nit.   Mas es la virtud bien sumo...
Balt. Que no alcanzan los humanos.
Nit.   Los dioses...
Balt.   Son nombres vanos.
Nit.   La gloria eternal...
Balt.   Es humo.
Nit.   (*Despues de una breve pausa.*)
       Señor, los pueblos que riges...
Balt. No dirán que los oprimo.
Nit.   Su admiracion...
Balt.   No la estimo.
Nit.   Con tal desden los afliges
       y excitas murmuraciones.
Balt. De insectos sordos zumbidos
       no llegan á mis oidos.
Nit.   ¡Ah!... tu solio en riesgo pones.
Balt. (*Levantándose.*)
       ¿Y qué es un solio? ¿Qué son
       su pompa y brillo fulgente,
       si no remontan la mente
       ni dan vida al corazon?
       Yo, nacido en esta altura,
       no puedo, madre, admirarla...
       gloria fuera el conquistarla;
       su posesion no es ventura!
Nit.   Recordar, aunque te asombres,
       al gran Nabuco debieras.
Balt. Se fué á olvidar entre fieras
       la gloria de regir hombres.
Nit.   Solo decirte me resta...
Balt. ¡Nada mas!—Mi poderio
       á tu excelsa mano fio.—
       Siga, Neregel, tu fiesta.

(*Vuelve á sentarse y á caer en su apatia.*)

Rab. (*A la reina.*)
En la música descuella
toda la judáica gente;
que hoy ante el monarca ostente
su talento esa doncella. (*Indicando á Elda.*)
Llega, jóven; tu señora
quiere escuchar tus acentos.

Nit. (*Señalando al rey.*)
Que sus tristes pensamientos
disipe tu voz sonora.

Elda. ¡Oh reina! excúsame pia,
pues en triste cautiverio
no hallo voz en el salterio
ni hay en mi acento armonia.

Rab. ¡Te niegas!...

Elda. (*Con dignidad.*) Solo las aves
divierten á su opresor,
exhalando su dolor
entre cánticos suaves. (*Baltasar la mira.*)

Rab. ¡Cómo!...

Nit. ¿Qué dices?...

Elda. ¡No hay ya
para el Dios del cielo altares,
ni festejos ni cantares
para la viuda Judá!
Pende su arpa sin sonidos
del sauce de estas riberas,
do las brisas extranjeras
solo le arrancan gemidos...
¡Que en la infausta soledad
es el llanto nuestro acento...
y alas no halla el pensamiento
en donde no hay libertad!

Ner. ¡Insolente!...

Nit. (*Con interés.*) El rey te escucha.

Balt. ¡Y te manda cantar!

Elda. ¡No!
¡No puedo obedecer!

Rab. ¡Oh!
¡Te pierdes! (*Bajo á ella.*)

Ner. ¡Qué audacia!

(*Movimiento entre los cortesanos escandalizados.*)

NIT.
　　　　　　　　Es mucha
tal resistencia, Elda mia.

ELDA. ¡Mi pueblo gime, señora,
bajo atroz yugo!

BALT.
　　　　　　　¿Y se ignora
entre esa turba judia,
que de su rey y señor
es la voz sagrada ley?

ELDA. En tí ven su vencedor,
pero no acatan su rey.

NIT. ¡Elda!

RAB. (*En voz baja y con espanto.*)
　　　¡A muerte te condenas!

NIT. (*Bajo tambien.*)
¡Cede por los dioses!

NER. (*Poniéndole el salterio en las manos.*)
　　　　　　　　Toma,
esclava, y tu orgullo doma!

ELDA. No hay en el mundo cadenas
que rindan la voluntad!
(*Arroja el salterio. Gran agitacion. Baltasar se levanta y la mira con sorpresa, pero sin cólera.*)

NER. ¡Dioses!...

RAB.　　　　¡Infeliz!...

NIT.　　　　　¡Qué has hecho?
(*Al rey*) ¡Oh, señor! que halle en tu pecho
su insano arrojo piedad.

RAB. (*Tambien suplicante.*)
Tiene á su padre en prision
y tu indulgencia merece.

BALT. (*Despues de mirarla un instante.*)
Pedírmela no parece.

NIT. (*Acercando á Elda.*)
Llega á implorar tu perdon
á sus plantas.

RAB.　　　　¿No te humillas?...

ELDA. Las gentes de mi creencia
solo de Dios á presencia
deben doblar las rodillas.

Nit. (*Con tono de reconvencion dolorosa.*)
¡Jóven!...
Rab. (¡Todo está perdido!)
Ner. (¡No cabe mayor exceso!)
(*Pausa de general asombro y espectacion.*)
Balt. Y su padre, que está preso,
¿qué crímen ha cometido?
Elda. El defender su corona
que el tuyo abatió tirano.
Rab. ¡Calla!
Balt. ¡Joaquin!...
Nit. Ese anciano,
á cuyo nombre aun se encona
tu odio, señor, gran castigo
tuvo ya.
Elda. ¡Con saña impia
hasta de la luz del dia
lo privó vil su enemigo!
Rab. ¡Qué!..
(*Con nuevo asombro de la audacia de Elda.*)
Nit. ¡No mas!
Balt. (*A Neregel.*) Sin dilacion
libre quede, y de tu cuenta
corre el señalarle renta
digna de su condicion. (*Sorpresa general.*)
Ner. ¡Cómo!..
Nit. (*A Rabsares.*) ¡Venció la piedad!
Rab. (¡O el amor!.. Logré mi idea.)
Elda. (*Juntando las manos con gratitud.*)
¡Ah señor!..
Balt. (*A Neregel, que le mira dudoso.*)
Cumplida sea
al punto mi voluntad!
Ner. (*Inclinándose.*) Te obedezco.
Nit. Y yo te pido
que tu alta vénia me des
para mandar á tus piés
al anciano agradecido.
(*Se va presurosa con Neregel, y la siguen sus damas.*)
Elda. ¡Vamos de la reina en pos!
Balt. (*Deteniéndola.*) Tú no.

ELDA.   Rey...
BALT.   Hablarte ansío.
    ¡Salid todos!
RUB. (*Que ha seguido con ansiedad toda la es-
    cena.*)   (¡¡Ah!!)
RAB.   (Ya es mio!)
    Obedezcamos. (*A los cortesanos.*)
    (*Se van todos, menos Rúben.*)
ELDA.   (¡Gran Dios!
    ¡Sostenme!)
RUB.   (¡Si los consejos
    de la ira escucho!..)
BALT.   ¿Qué aguardas,
    que en obedecerme tardas?
    (*Elda mira á su amante con actitud supli-
    cante; él vacila; pero cede.*)
ELDA. ¡Oh!..
RUB.   Nada...
BALT.   ¡Sal!
RUB.   (¡No iré lejos!)

ESCENA V.

BALTASAR, ELDA: *momento de silencio.—Baltasar se
                sienta.*

BALT. Doncella de Judá, gracia has hallado
    de tu rey á los ojos.
ELDA.   Lo que has hecho
    sabe, señor, agradecer mi pecho.
BALT. Es leve muestra de mi augusto agrado.
    Tu soberbia me encanta.—Si; tu acento
    no deben escuchar esclavos viles,
    que á tus plantas verás, como reptiles,
    á una mirada mia, un movimiento.
    Para mí solo tus cantares guarda;
    para mí solo tu hermosura altiva!
ELDA. (Qué oigo!..)
BALT.   ¡Mi sangre á tu mirar se activa!
    Llega. Acércate mas.—¿Qué te acobarda?
ELDA. ¡Tal lenguaje, señor!..
BALT.   Triunfo brillante

alcanzas hoy, y que beldad ninguna
pudo pedirle osada á la fortuna.
¡Tú has conmovido un pecho de diamante!
Mira en mis ojos tu ventura escrita;
gózate en tu atractivo, que me inflama,
y corriendo al harem leda proclama
que eres desde hoy mi esclava favorita.

ELDA. ¡Yo!..
BALT. Mi eleccion te eleva á gloria tanta.
ELDA. ¡Yo en tu harem!..
BALT. ¡Brillarás entre millares!
¡Cesen ya, pues, los llantos y pesares;
depon el ceño y la cerviz levanta!
ELDA. ¡No mas, señor! ¡Engáñase tu mente,
ó no te entiendo yo.—Sueño sin duda!
BALT. (*Levantándose.*)
¡Pues que el amor á despertarte acuda!
ELDA. ¡Tente!..
BALT. ¡Como!... (*Con asombro.*)
ELDA. ¡Señor! ¡llegar no intente
tan loco amor á mí!—¡Nací judía!
BALT. (*Despues de un momento de suspension.*)
Yo soy quien dudo si me ajita un sueño.
¿No soy yo Baltasar?.. ¿No soy tu dueño?
ELDA. ¡Mi vida es tuya, pero mi alma es mia!
BALT. ¿Qué dice?..
(*Como alumbrado por una idea súbita.*)
(¡Ah! si; tan hábil resistencia
incentivo eficaz presta al deseo.)
Gracias te doy, mujer, pues ya no veo
siempre en torno de mí muda obediencia.
¡Te miro á tí! Tu seductor desvio,
tu soberbia beldad, tu ingenio raro...
y á ningun precio me parece caro
el bien que aguarda de tu amor el mio.
¡Oh! ¡tásalo tú misma!—¡Ten audacia!
Lo que quieras demanda, y lo prometo.
ELDA. Te pido, Baltasar, aquel respeto
á que tiene derecho la desgracia!
No de orgullosa mi nacion se precia,
y acato el cetro de que tú dispones...
pero guarda tu amor, guarda esos dones

	que en su humildad mi corazon desprecia.
Balt.	(*Mas y mas asombrado.*)
	¡Los desprecia!..
Elda.	¡Si, rey! ¡que si ambiciona
	comprarme la virtud, que es mi tesoro,
	no basta de cien mundos todo el oro,
	ni son nada en tu frente mil coronas!
	(*Hace ademan de irse.*)
Balt.	¡Aguarda!
Elda.	¡No! ¡no mas!
Balt.	¡Yo te lo ordeno!
Elda.	¡Señor!
Balt.	(*Impaciente.*) ¡Ya basta!—Admiro la fiereza
	que nuevo hechizo añade á tu belleza,
	y por honrarla mi anhelar refreno...
	pues me place deberle á tu albedrio
	el grato triunfo cuyo precio aumentas:
	mas no prolongues el teson que ostentas
	hasta cansar mi sufrimiento!
Elda.	(¡Impio!..)
Balt.	Que ya esta lucha se termine quiero.
Elda.	¿Puedes vil abusar?..
Balt.	(*Interrumpiéndola.*) Concedo amante
	que de mi dicha escojas el instante.
Elda.	¡Eso nunca! ¡jamás!—¡Morir primero!
Balt.	(*Con cólera.*)
	¿Nunca?... ¿jamás?...
Elda.	¡Jamás!
Balt.	¿Te atreves loca?..
Elda.	¡Cumplo un deber!
Balt.	¡Son leyes mis antojos!
Elda.	¡Las de Dios guardo!
Balt.	¡Teme los enojos
	que tan absurda obstinacion provoca!
Elda.	¡Solo temo el delito!
Balt.	¡Está en mi mano
	un cetro del que tiemblan las naciones!
Elda.	¡Para rendir, señor, los corazones,
	no alcanza el cetro de ningun tirano!
Balt.	¡Esclava!...
Elda.	¡Tu furor no me intimida
	ni tu grandeza y majestad me asombra,

	que un poder ante el cual el tuyo es sombra
	protege mi inocencia desvalida!
Balt.	(*Como fuera de sí y asiéndola por un brazo.*)
	¿Dónde está ese poder? ¿Dónde, insensata,
	que haces que en ira mi favor se mude?
	¿Quién mi suprema voluntad no acata?
	¿Quién á salvarte de mi antojo acude?
	(*Rúben se lanza entre los dos.*)

ESCENA VI.

Los mismos, Rúben, *y luego* Rabsares *y* Cortesanos.

Rub.	¡Yo, déspota!
Elda.	(¡Gran Dios!)
Rub.	¡Mientras yo viva
	no esperes conseguir tu indigno anhelo!
Balt.	(*Suspenso de asombro.*)
	¿Quién es este demente?...
Elda.	(¡Justo cielo!)
Rub.	Un hombre soy que en saña vengativa
	se abrasa contra tí.—Patria, opulencia,
	dicha, gloria, poder... todo arrancado
	por los tuyos me fué; pero he guardado
	este odio que mantiene mi existencia
	y amenaza la tuya!
Elda.	¡Oh! ¡Qué profieres!
	(*Baltasar se acerca al lado por donde salieron sus cortesanos.*)
Rub.	¡Llama á tu córte, sí; llama, ¡cobarde!
	á esa turba de esclavos y mujeres,
	haciendo entre ella de tu fuerza alarde.
Elda.	¡Rúben! ¡piedad de mí!...
Balt.	(*Volviendo hácia él.*) ¿Quien soy ignoras?
Rub.	No: ¡te conozco bien! Sé que á tu frente
	ciñes una diadema que desdoras
	y no sabrias defender valiente.
	Sé que sin gloria, sin virtud, sin brio,
	cansado de tí propio, entre perfumes
	tu inútil vida cual mujer consumes,
	mísera presa de infecundo hastio.
	Sé que á la ley de tu capricho loco,

viendo postrado un pueblo envilecido,
la inmensa humanidad tienes en poco,
y hasta de Dios blasfemas descreido.
¡Mas por él, Baltasar, reinan los reyes,
que deben ser su imágen; y es en vano
pida respeto al mundo el vil tirano
que impera solo sobre indignas greyes!
(*Mientras que pronuncia Rúben los anteriores versos, entran en la escena Rabsares y algunos cortesanos; pero atónitos de lo que escuchan permanecen un instante suspensos.*)

CORTS. ¡Ah!!... (*Lanzándose á él todos, con una exclamacion de ira.*)

BALT. (*Llevando la mano á su espada, pero deteniéndose al llegar junto á Rúben, que le presenta su pecho.*)
  ¡Miserable!

ELDA. (*Interponiéndose.*) ¡No!...

RUB.   ¡Hiere! Cercado
de cien aceros, descargar el tuyo
puedes impunemente.—Desarmado
entre asesinos tantos, no les huyo!

BALT. (*Cuyo rostro revela el asombro que le causa su propio furor, y que se lleva la mano al pecho con una especie de júbilo al sentir su agitacion.*)
(¡Ah!... ¡corazon!...)

RUB.   ¿Qué dudas? ¡Hiere! acaba
de un golpe mi existencia, pues la anima
un alma nunca de tu cetro esclava.
Un alma que en los hierros se sublima
como la tuya en el dosel se abate,
y que ufana al romper tu indigno yugo,
te deja en este, desigual combate,
por toda gloria el lauro de verdugo!

BALT. (*Con estremecimiento de cólera, y de gozo por sentirla.*)
¡Oh!...

RAB. ¡Perezca!

ELDA.   ¡Infeliz!...

BALT. (*Deteniendo las espadas que se levantan sobre la cabeza de Rúben.*)

¡Nadie le toque!
(*Larga pausa.*)
¿Quién es este hombre?

Rab. Un hijo del judío cuyas cadenas quebrantaste pio.

Balt. ¡Su hermano!...

Elda. ¡Oh, si! Tus iras no provoque. Sé piadoso, señor, pues eres fuerte.

Rub. (*Con tono de reconvencion.*)
¡Elda!...

Elda. (*Siempre suplicante.*)
No mires su culpable audacia, recuerda solamente su desgracia.
¡De todo, oh rey, lo despojó la suerte!

Rub. ¡No del valor y la vírtud!

Elda. Yo sola la causa soy del criminal exceso...
Caiga en mí, pues, de tu rigor el peso.
¡Salva la suya y mi existencia inmola!

Rub. ¡Basta!

Rab. ¡Señor! tus órdenes espero.

Balt. ¡Esta esclava á mi harem!

Elda. ¡Ah!!
(*Cae desfallecida en brazos de los cortesanos, que se la llevan.*)

Rub. (*Sacando un acero que lleva escondido bajo su disfraz de esclavo babilónio.*)
¡Muerta antes!
(*Al arrojarse á Elda, á quien se llevan algunos cortesanos y guardias, Baltasar le detiene asiéndole vigorosamente por el brazo. Rúben hace la siguiente exclamacion trémulo de rabia.*)
¡Oh!... ¡Tiembla!

Balt. (*A los suyos.*) ¡Salid!

Rab. Rey... (*Con asombro y duda.*)

Balt. (*Con ademan imperioso.*)
¡Que salgais quiero!
(*Los cortesanos se van admirados. Rúben mismo, atónito de la accion del rey y sin acertar cuál puede ser su intencion, se queda suspenso.*)

ESCENA VII.

Baltasar, Rúben.

Rub. (¡Solo conmigo... aqui!..)
Balt. (*Volviendo á él.*) Ya estan distantes.
Rub. ¡Qué! ¿presumes?..
Balt. (*Con alegria terrible.*)
¡Que un hombre hallar consigo
que se me opone con rencor acervo!
¡Mas ay de tí, si ataco al enemigo
y tu flaqueza me descubre al siervo!
(*Embiste impetuosamente á Rúben, que turbado, desprevenido, ciego por su propia ira y su asombro, es desarmado al momento.*)
Rub. ¡Ah!..
Balt. (*Señalándole su acero caido.*)
¡Levántalo!
Rub. ¡No!—Hé aqui mi pecho.
Balt. (*Con desden, y envainando su espada.*)
Alza tu acero, mísero insensato.
Rub. (*Con desesperacion.*)
¡Mátame! Dios te otorga ese derecho
y yo su fallo incomprensible acato.
¡Mátame!
Balt. (*Con ironia amarga.*)
¡Ya lo ves!—Ese Dios justo
que todo lo ordenó con su sapiencia,
y del que debo ser remedo augusto,
hizo—mostrando su alta providencia—
que presa del leon fuese el cordero,
del águila el milano, del milano
la paloma indefensa.—El mundo entero,
—¡obra estupenda de la excelsa mano!—
do quier la ley te muestra inexorable,
que hace que al débil lo devore el fuerte,
al chico el grande, el rico al miserable...
¡Esto tu suerte explica, esto mi suerte!
Rub. ¡Aniquílame pues!
Balt. ¡No!.. Te perdono...

porque te debo mas que le he debido
á mi grandeza, al mundo, al régio trono!
¡Aqui hallé una emocion! ¡Aqui he sentido
arder mi pecho en poderosa saña!...
¡Cuánto en ella gocé!.. ¡Si! no te asombre;
pues al fin logro con ventura extraña,
olvidar que soy rey, sintiéndome hombre!
¡Eres libre! (Se vá.)

ESCENA VIII.

Rúben, *luego* Joaquin, *y al final de la escena* Daniel.

Rub. (*Con desesperacion.*)
 ¡Yo!.. ¡yo!.. yo perdonado!...
¡yo vencido por él! ¡Oh postrer mengua!
¡Antes que llegue á blasfemar mi lengua,
(*Levantándolo.*)
rompe mi pecho, acero deshonrado!
¡Ah!.. ¡no soy dueño de mi infausta vida!...
(*Deteniéndose.*)
¡Dios me la dió... y aunque al honor no cuadre,
él quiere que la arrastre envilecida!..
¡Mas no puedo, señor!
Joaq. (*Dentro.*) Rúben...
Rub. ¡Mi padre!
Joaq. (*Saliendo á la escena.*)
A este lugar un hombre me conduce
por órden de la reina, y se me anuncia
que nuestra gracia Baltasar pronuncia.
¡Rúben!.. ¡Elda!.. ¡Venid!—Si no seduce
un sueño mis sentidos...
Rub. ¡Padre!..
Joaq. ¡Oh hijo!
Que Elda llegue tambien... que llegue presto,
bendiciendo al señor, pues ha dispuesto
trocar la desventura en regocijo.
¿En dónde, en dónde está?
Rub. (¡Cielos!..)
Joaq. ¡Qué!.. ¿Callas?..
¿Y tu mano temblar siento en la mia?..

Rub. (¡Mísero corazon! ¿Por qué no estallas?)
Joaq. ¡Rúben!.. ¡Habla por Dios! ¡Vé mi agonia!
¿Tu esposa dónde está?..
Rur. ¡Cesa!
Joaq. (Con grande agitacion.) ¡Inhumano!
¡No quieres responder! ¡Oh hija adorada!...
¡Yo te sabré buscar!...
Rub. (Con desesperacion.) ¡Búscala, anciano,
y la hallarás perdida, mancillada!
Joaq. ¡Ella!.. ¿y lo dices tú?..
Rub. ¡Yo miserable,
que mi vergüenza aqui gimo impotente!
¡Yo, que á la faz del cielo inexorable,
que ni aun la muerte á mi dolor consiente,
pondré á mi suerte ignominiosa el sello,
pues su presa dejando al enemigo,
la espada vil que empuño y que maldigo,
lanzo con risa y con desden la huello!
(Lo hace, y cae como ahogado por la desesperacion sobre un banco.)
Joaq. ¿Y ella en tanto?..—¡No! ¡no! mis nobles canas
corro á humillar ante el raptor infame,
gritando sin cesar.—¡A mi hija dame!
(Con trágica transicion.)
¡Pero si no me escucha!.. ¡Si son vanas
para el cruel las súplicas paternas!..
¡Si vé correr con ojos despiadados
lágrimas de estos ojos, condenados
á encontrar por do quier sombras eternas!..
Entonces, ¡ah! con mi dolor por guia,
sabré encontrar su corazon de acero!..
¡Esa espada!.. ¡esa espada!..
(Buscándola á tientas.)
¡Ah! ¡si! ¡ya es mia!
¡Ahora un rayo de luz, Dios justiciero!
(Se lleva la mano á los ojos, como queriendo arrancar el velo sempiterno que los cubre, y dice luego con voz sombria.
¡Nunca!.. ¡Noche profunda! ¡Noche horrenda,
que el odio mismo á iluminar no alcanza!..
(Con resolucion.)
¡Ah! ¡No me detendrás!—¡Yo hallaré senda!..

(*Busca salida con pasos vacilantes, y extendidas sus trémulas manos.*)

DAN. (*Saliéndole al encuentro, y deteniéndole.*)
¡No! ¡solo á Dios le toca la venganza!
(*Joaquin cae de rodillas soltando el acero á los piés del profeta.*)

FIN DEL ACTO SEGUNDO.

ACTO TERCERO.

Salon del harem, decorado al estilo oriental. Puertas grandes al foro, y al abrirse aquellas se descubre un vasto vestíbulo, al que se sube por algunas gradas, y cuyo fondo se abre sobre una plaza, desde la cual se lanzará el pueblo, al fin del acto, invadiendo el vestíbulo y llegando hasta las gradas que le separan del salon en que pasa la escena.—Ventanas laterales, puertas idem.—Es de mañana.

ESCENA PRIMERA.

NEREGEL, RABSARES. *Ambos entrando por el foro.*

NER. Si, Rabsares, de tus planes
 casi á espantarme comienzo.
RAB. ¿Por qué?
NER.   La raza judia
 desde la cuna detesto,
 y el influjo de esa esclava
 que escogiste, poco cuerdo,
 pudiera en vez de servirnos
 ser para entrambos funesto.
RAB. Deliras.—Ya de este harem
 Baltasar me dió el gobierno,

y soy de la hermosa hebrea
fiel custodio y consejero.

Ner. ¿Seguro estás que si logra,
cual anhelas, valimiento,
obre en pro de nuestras miras,
y no mas bien de su pueblo
en beneficio?

Rab. ¿Y qué osaran,
Nerengel, seres abyectos?
Los honras con tus temores.

Ner. Columbro que tu desprecio
favorecerles podria.
Muy recientes pruebas tengo
de la audacia de esos hombres
que no han domado los hierros,
y que hoy el rey las conozca
y los castigue pretendo.

Rab. Cuidado no perjudiques
á nuestros fines con ello.
Al mas temible enemigo,
al obstáculo perpétuo
de nuestra noble ambicion,
solo en Nitócris contemplo;
y aunque el mundo se aprestase
á disputarnos el cetro
que de sus manos tenaces
arrancar nos proponemos,
conseguir este alto triunfo
es, Neregel, lo primero.

Ner. Te diré, porque te asombres,
que, segun dicen y observo,
la insensata israelita
tenaz resiste á su dueño.

Rab. Lo sé con júbilo grande.

Ner. ¡Cómo!...

Rab. Poderoso y nuevo
tiene que ser el estímulo
que excite el ánimo régio.

Ner. ¿Conque tú das por seguro?...

Rab. Que si aun nos queda algun medio
de encender en Baltasar
un interés, un deseo,

en la salvaje virtud
de esa mujer lo tenemos.

NER. ¿Mas presumes que el rey sufra?...
RAB. ¡Oh Neregel! Lo estás viendo.
Lo que era fugaz capricho,
que muriera satisfecho,
adquiere de dia en dia
carácter de sentimiento.
El rey sufre las repulsas,
que le parecen un sueño,
ya impaciente, ya gozoso
con encontrar tal portento.
No temas, no, que le canse
la lucha que pone en juego
profundas fibras de su alma
con rudo sacudimiento.

NER. Mas di, ¿no has mirado un rio
correr con mudo sosiego,
mientras que á su fácil curso
dócil se presta el terreno,
y que si obstáculos halla
que le resistan soberbios,
se irrita, agolpa sus hondas,
las encrespa con estruendo,
y en cascadas espumantes
se precipita violento?

RAB. ¿Recelas?...
NER. ¡Que acaso un dia
los dos á sentir lleguemos
haber sacado al monarca
de su inercia!

RAB. Yo estoy cierto
que en los brazos del placer,
lo mismo que en los del tédio,
se adormirá el soberano
dejando rodar su cetro.

NER. ¿Y sabe ya que un rival?...
RAB. ¡No, jamás! Fueran los celos
un aguijon harto rudo
para un rey: yo lo desecho.
Padre llaman á Joaquin
Elda y su esposo: recelos

	no ha concebido el monarca
	del que juzga amor fraterno.
Ner.	Pero si ella del engaño
	le saca...
Rab.	Condensa el velo,
	porque la hago comprender
	que el perdon de sus excesos
	debe Rúben á ese error
	que desarma al juez excelso.
Ner.	Quizás Nitócris...
Rab.	Los ama,
	y fiel guardará el secreto;
	ademas que al vil marido
	desparecer harás presto.
Ner.	Baltasar llega. En su rostro
	nueva luz brilla. Te dejo
	que le hables de sus amores
	antes que yo del imperio. (*Se vá.*)

ESCENA II.

Baltasar, Rabsares.

Rab.	(*Observando al rey que entra.*)
	(¡Triunfamos!)—Gran rey...
Balt.	¡Rabsares!
	¿Ves cuán brillante y sereno,
	cuán puro se ostenta el dia?
Rab.	Si, señor.
Balt.	(*Acercándose á una ventana.*) Del firmamento
	nunca ese campo infinito
	fué tan hermoso.
Rab.	Lo advierto.
	Al ver de tu faz sagrada
	templarse el adusto ceño,
	se aumentan del sol las luces
	y se alegra el mismo cielo.
Balt.	¿Y la atmósfera?.. ¿No sientes
	que aquellos vapores densos
	se truecan en áuras tibias,
	donde se exhala el aliento
	fácil, libre?

Rab.	Si, gran rey.
Balt.	¡Oh! parece que despierto
	de un larguísimo letargo.
	Parece que el universo,
	que en negras brumas yacia,
	renovado se alza y bello.
	¡Parece que vida ardiente
	circula por su ancho seno
	y que al calor poderoso
	yo tambien, yo me renuevo!
Rab.	¡'h!.. *(Con regocijo.)*
Balt.	No hay duda: el pecho mio
	sacude su enorme peso...
	y palpita... ¡oh! ¡si! ¡palpita!..
	—¡Yo vivo al fin! ¡Yo deseo!
	¡Yo columbro! oh esperanza,
	tus horizontes inmensos!
Rab.	¡Bendigo á los altos dioses!
Balt.	*(Hablando como consigo mismo.)*
	¡Pero qué extraño misterio!
	Me confunde.—Los dos seres
	mas débiles, mas abyectos,
	que muestra en su extensa escala
	la humanidad que desprecio,
	¿cómo han logrado la gloria
	de agitar mi augusto pecho,
	despertando en él impulsos
	de que me asombro... y me alegro?
	¡Una mujer y un esclavo
	me han resistido?.. ¡Yo siento
	que hay un poder que rendir...
	en una mujer y un siervo?
Rab.	Si en ello gozas...
Balt.	¡Si! gozo
	un placer grande, supremo,
	al saber que guarda el mundo,
	del que soy infeliz dueño,
	dos voluntades, dos almas
	que no rindo con un gesto;
	que por raras las codicio,
	que por fuertes las respeto.
	¡Siento un placer inefable

al comprender que amar puedo,
que demostrarlo ambiciono
y que ser amado espero.
Si, Rabsares, cien provincias
diera por este momento
en que repito asombrado:
—¡yo soy hombre! ¡yo deseo!

Rab. Puesto que á Rúben perdonas...
Balt. Que aqui lo traigas te ordeno
con su padre.
Rab.   ¡A tu harem sacro!
Nunca hollaron extranjeros,
señor, sus altos humbrales.
Nunca se vió...
Balt.   ¡Yo lo quiero!
Rab. Gran rey... (*Turbado.*)
Balt.   Desde hoy de estos sitios
que habitaba el servil miedo,
para siempre la opresion
de indignos usos destierro.
¡Elda aqui reina! ¡ella sola!
Que á cuanto dicte su acento
todos se postren sumisos.
¡Que huya el terror, que huya lejos
de estos muros venturosos,
donde al amor hallar debo!
Rab. Son tus palabras augustas
leyes santas que venero;
pero pensaba, señor,
que con hablar á sus deudos
la beldad que te resiste
cobrára mayor deruedo.
Balt. ¿Por qué?
Rab.   No ignoras que son
fanáticos con extremo
los insensatos cautivos,
y que tienen por precepto
divino, el no contraer
ningun vínculo ó empeño
con nosotros, los que al Dios
que adoran desconocemos.
¿Qué harán, pues, sino aumentar

        los terrores de un ser tierno,
        que aun se niega á tus bondades
        porque en tí contempla inquieto
        del Dios á quien teme tanto
        al enemigo sangriento?
        Deja á esa niña privada
        de todo auxilio y consejo
        en la soledad tranquila,
        y verás en breve tiempo
        que al yugo que ahora rehusa
        se rinde dócil su cuello,
        quedando tanta hermosura
        de tus antojos trofeo.

BALT. ¿Qué importa una mujer mas?
        ¡Yo aspiro á un alma, no á un cuerpo!
        —Vengan su padre y su hermano.

RAB. (¡Perdido soy!)—Te obedezco.
        (*Al salir, se encuentra con Neregel que entra, y le dice, bajo, lo siguiente.*)
        —Di en contra de los judíos
        cuanto sepas.

NER.   A eso vengo.

ESCENA III.

BALTASAR, NEREGEL.

NER. (*Deteniendo al rey en el momento en que vá á entrar á lo interior del harem.*)
        Señor...

BALT.   ¿Qué ocurre?

NER.   En alarmas
        se agita medroso el pueblo.

BALT. ¿Por qué?

NER.   Se dice que Ciro,
        coligado con los Medos
        y otras naciones de Oriente,
        con grande órden y silencio
        se dirige á Babilonia.

BALT. ¿Y á mí con absurdos cuentos
        me vienes?

NER.   Son los cautivos
        la causa de cuanto expreso.

BALT.   ¿Los cautivos?...
NER.   Que aseguran,
—¡dé decirlo me avergüenzo!—
que existen no sé qué libros
que guardan con sumo aprecio,
y en los que claro se anuncia
la destruccion de tu reino.
Con tales voces la plebe
se altera loca, y sospecho
que exaltan su espanto y saña
los sátrapas descontentos.
BALT.   Sueñan todos; despertarlos
basta, Neregel.
NER.   ¿Qué medios?...
BALT.   Que en mi palacio esta noche
se sirva banquete espléndido,
en que olviden sus intrigas
los sátrapas turbulentos,
y al pueblo imponle mañana...
NER.   ¿Qué cosa?
BALT.   Un tributo nuevo.
NER.   Dicta tambien la sentencia
de los cautivos malévolos.
Tu mandato aguardo.
BALT.   Dime.
¿Cuántos dioses tienen templo
en Babilonia?
NER.   ¡Son tantos!...
El mas suntuoso está á Belo
consagrado.
BALT.   Sí; tesoros
costó, si mal no recuerdo.
Tesoros que á duras penas
cien provincias reunieron.
NER.   Es verdad.
BALT.   Y á menor coste
á ese Dios de los hebreos
pueden alzársele altares,
que los dejen satisfechos.
NER.   (*Retrocediendo con espanto.*)
—¡Cómo, señor!... ¿Prestas fé
á ese Dios del extranjero?

Balt. (*Con ironia burlona.*)
—¡Oh! ¡muy grande! No lo dudes.
¡Tanta fé... como á los nuestros!
Ner. ¡Señor!... No sé que decirte...
—Mas de cien dioses tenemos.
Balt. Pues con tener ciento y uno
no habeis de aumentar el peso.
Ner. A ese Dios de los judios
tus inmortales abuelos
guerra eterna le juraron.
Balt. Se mostraron asaz necios
mis abuelos inmortales.
Ner. Yo te suplico...
Balt.   ¡Yo ordeno
que el Dios de mi bella esclava
con vuestros dioses caldeos
se asocie desde este dia!
—Vé á publicar el decreto.
Ner. (¡Qué horror!..) (*Se vá.*)
Balt. (*Mirando dentro.*) ¡Es ella!... Aqui llega.
¡Su triunfo verá perfecto!

ESCENA IV.

Baltasar, Elda.

Elda. No excite, señor, tu enojo,
si de inquietud devorada,
sin ser por tu voz llamada
vengo, y á tus pies me arrojo.
Balt. (*Impidiéndoselo.*)
¿Qué temes?
Elda.   Desde esas rejas
correr he visto á la plaza
á un pueblo que no disfraza
la injusticia de sus quejas,
y que con sordos baldones
maldiciendo á los judios,
á sus rencores impios
te piden los abandones.
Balt. No; depon toda inquietud,
pues cuantos te son amadós

	serán objetos sagrados
	para esa vil multitud.
Elda.	¿Lo prometes?...
Balt.	Te lo juro,
	por el gran bien que me has hecho.
Elda.	¡Yo, señor!
Balt.	Toca este pecho,
	que en un ambiente mas puro
	ya comienza á respirar,
	y que de la muerte el frio
	guardaba en su hondo vacio,
	cansado de despreciar.
	Dime si tu juicio alcanza
	lo que es el mal inclemente,
	que luz le niega á la mente
	y al corazon esperanza.
	Que sofoca al sentimiento,
	y los sentidos embarga...
	que hace la vida una carga,
	y un azote el pensamiento.
	Dime si ves la luz nueva
	que absorta mi alma columbra...
	¡Todo á mi vista se alumbra!
	¡Todo en mi mente se eleva!
Elda.	Rey...
Balt.	¿Qué cosa negar puedo
	á la que me hace sentir?...
	Cuanto imagines pedir
	otro tanto te concedo.
Elda.	Si la eterna gratitud
	de esta esclava reverente...
Balt.	¡Dame un alma libre, ardiente!..
	No me hables de esclavitud.
Elda.	(¡Cielos!...)
Balt.	Si no me haces don
	de ese bien que yo ambiciono,
	¡qué fuera en mi yermo trono
	del mundo la posesion!
Elda.	En ese mundo los hados
	te dieron gloria y poder...
Balt.	Que yo desdeño ejercer
	sobre seres degradados.

ELDA.   ¡Hazte amar! Pues tú lo puedes,
        caiga, señor, de tus manos
        la dicha de los humanos...
        ¡No ingrato los desheredes!
        Si el mando te causa hastio,
        si no hay placer que te cuadre,
        sé de cien pueblos el padre,
        y de tu pecho el vacio
        llenará su amor inmenso!
BALT.   (Con sorpresa de lo que oye.)
        ¿Su amor!...
ELDA.   Ciegos tus mayores,
        fueron del mundo opresores...
        Hasta de Dios el incienso
        su soberbia usurpó loca,
        maldiciendo su impiedad
        la doliente humanidad.
        Enaltecer hoy te toca
        su cetro, ¡oh rey!—De esas greyes
        que envileció el egoismo,
        haz hombres! ¡Como á Dios mismo
        te aclamarán rey de reyes!
BALT.   Viertes extrañas ideas
        de las que me encuentro ajeno...
        pero concibo que es bueno
        cuanto dices y deseas:
        pues si este ser descreido
        puede al cabo creer y amar,
        tú sola le has de alcanzar
        aquel cambio apetecido.
        Tú, qué pruebas que una esclava
        le puede dar dicha á un rey...
        pues los iguala una ley
        del amor, que yo ignoraba.
        ¡Oh, sí! ¡que me sienta amado
        por esa alma noble y pura,
        que te deba la ventura
        que ni aun en sueño he gozado;
        y entonces ¡yo lo afianzo!
        todo á ella se lo concedo;
        todo por ella lo puedo;
        todo con ella lo alcanzo.

ELDA. ¡Ah, señor! la virtud sola
nos da ventura eminente,
y hoy puede brillar tu frente
con su sagrada aureola.
Hoy que Dios en su bondad,
por este ser imperfecto
le muestra á tu ánimo recto
que es noble la humanidad.
Muéstranos tú que eres digno
de regirla, ¡oh Baltasar!
no te dejes dominar
por un influjo maligno.
No en rara contradiccion,
mientras me oprimes tirano,
me pidas con ruego insano
de un alma libre alto don.
Ni olvides que la que aqui
gime en perenne vigilia,
del seno de su familia
se vé arrancada por tí.
¡Que vé á su Dios sin altares,
su ley santa escarnecida,
su nacion envilecida
y á sus deudos sin hogares!

BALT.. Lo que anhelo de tí amante
ya lo has podido entender;
lo que por tí quiero hacer
voy á mostrarlo al instante.

ELDA. ¿Qué?...
BALT.   Cautiva no eres ya.
ELDA. ¡Qué dices!...
BALT.   Goza tu gloria.
ELDA. ¿Me anuncias?...
BALT.   ¡Alta victoria!
ELDA. ¿Puedo esperar?...
BALT.   ¡Mira!
ELDA.   ¡Ah!!

(*La puerta se abre y aparecen Joaquin y Rúben, retirándose Rabsares que los conduce. Tambien deja la escena Baltasar en el momento de arrojarse Elda en brazos de su padre.*)

ESCENA V.

Elda, Joaquin, Rúben.

Elda. (*Llevándolo hácia el proscenio, mientras Rúben pensativo y sombrío permanece á alguna distancia.*)
¡Padre mio!...
Joaq. ¡Hija adorada!
¿No es sueño?... Que otra vez toque
tu cabeza... ¡Oh, si, es mi hija!
¡Dios quiere que la recobre!
Elda. ¡Si, padre, si!—¡Rúben!...
(*Tendiéndole la mano, y yendo hácia él.*)
Rub. ¡Tente!
¿De esposa el sagrado nombre
aun puedo darte?
Elda. (*Con dignidad.*) ¡Yo existo!
Rub. (*Cayendo á sus piés y besando sus manos con trasporte.*)
¡Perdon!...
Elda. ¡Rúben!
Joaq. ¡No prolongues
mi inquietud: cuéntalo todo!
Rub. Lo adivino: índole noble
tiene el rey; no es inclemente.
Volverme, padre, dispone
mi tesoro.—Di: ¿no es cierto?
Elda. ¡Quiero que tu triunfo goces,
hace un instante decia,
y tu ventura corones!
Joaq. ¿Quién duda?... Si aquí nos llama
y en nuestros brazos te pone,
¿pudiera ser para luego
arrancarte de ellos?
Rub. ¿Dónde,
dónde está?... ¡Que yo á sus plantas
lleno de gozo me arroje!...
Elda. Dejarnos en libertad
quiso sin duda.—¡Mas oye!
son sus pasos: ¡viene!

Joaq.   ¡Oh Dios,
cólmale de bendiciones!
Rub. Y tú, corazon soberbio,
sofoca ya tus rencores.

ESCENA VI.

Los mismos, Baltasar. *Este sale con un escrito en la mano, y casi al mismo instante empiezan á oirse algunos sordos rumores del pueblo, que se agolpa en la plaza.*

Balt. (*A Rúben que se adelanta y dobla una rodilla ante él.*)
Si no consiente el destino
que el cordero al leon postre,
tambien hizo generoso
al fiero rey de los bosques. (*Le levanta.*)
Rub. Oh señor, mi gratitud...
Balt. Que lo pasado se borre.
Solo recordar me place
que entre esclavos hallé un hombre,
y lo hago desde este dia,
como á él solo corresponde,
de mis reinos el segundo
y el primero de mi córte.
¡Toma! (*Le dá el escrito.*)
Rub.   ¡Señor!..
Balt.   Tú, Joaquin,
tranquila morada escoge,
en la que de tantos años
de duras penas reposes,
y allí donde te fijares
yo haré que todo te sobre.
Joaq. ¡Nada en el mundo deseo
Como mis hijos me otorgues!
con ellos me das la dicha,
y sus pasados dolores
olvida el pecho.
Rub.   Si, rey;
aunque mi acento se ahogue
por la emocion, con mi padre

          te ruego, que no nos honres
          con tal exceso. Una choza
          escondida entre los montes
          de la patria, bajo el cielo
          que cubre de mis mayores
          las venerables cenizas;
          un hogar humilde y pobre
          con los objetos queridos;
          nada mas hay que ambicionen-
          tus cautivos desgraciados,
          que bendecirán tu nombre
          si esos bienes les permites.
JOAQ.   ¡Dios hay que te galardone!
ELDA.   ¡Yo te lo pido tambien,
          señor! ¡De tres corazones
          conquístate afecto eterno!
          (*Se aumentan los rumores de afuera.*)
JOAQ.   Llegan aquí los clamores
          de tu pueblo, que nos odia.
          No mas su saña provoque
          nuestra presencia: concede
          —y Dios de gloria te colme!—
          ¡concede que al suelo patrio
          los tristes cautivos tornen!
BALT.   (*Que escucha con sorpresa é indignacion los
          lejanos alaridos del pueblo.*)
          —Aguardad!
          (*Se adelanta al encuentro de Neregel, que
          viene hácia él.*)

ESCENA VII.

LOS MISMOS, NEREGEL.

NER.   Señor...
BALT.   ¿Qué causa
          hace que asi se alborote
          la muchedumbre?
NER.   Señor,
          fué siempre adicta á sus dioses,
          y con roncos alaridos

tu fatal decreto acoge.

BALT. ¿Se atreve?..

NER. Su saña aumenta
al saber que aqui se esconden
esos dos hombres audaces,
y el no ignorar que el mas jóven
contra tu augusto decoro
cometió crímen enorme.

ELDA. (*Acercándose á su esposo como para protegerle contra el furor que se anuncia.*)
¡Rúben!..

JOAQ. ¡Oh Dios!..

NER. Ya lo escuchas.
¡Su sangre te pide á voces!

JOAQ. ¡Su sangre!..

BALT. ¡Francas al punto
queden las puertas!

NER. (*Dudoso.*) ¿Dispones?..

BALT. ¡Que el pueblo penetre aquí!
(*Se va Neregel dejando abiertas las puertas del fondo, por las que se vé pronto á la multitud invadir el vestíbulo.*)

ELDA. ¡Señor!.. (*Llegándose á él inquieta.*)

BALT. ¡Que á tus pies se postre,
y en una vírgen judia
á mi régia esposa adore!

JOAQ. ¡Elda!..

RUB. (¡Qué ha dicho!..)

ELDA. (¡Dios bueno!..)

BALT. ¡Hoy con nuevos resplandores
de Semíramis el manto
quiero, esclava, que te adorne!

ELDA. (¡Ah!..)

JOAQ. ¡Señor! ¡Es imposible!

RUB. ¡Qué! ¿Son estos tus favores?
¿Con ellos quieres pagarme
mi mujer?..

BALT. (*Suspenso y atónito.*) ¡Cómo!..

RUB. ¡Recoge
el precio infame!
(*Rasga y arroja el escrito que le dió Baltasar.*)

BALT.   ¡Tú!.. ¡tú!..
JOAQ.   Señor! no pienso que ignores
        que tiene esposo.
RUB.   ¡Yo! ¡sí!
        ¡Yo que no gozo en el orbe
        de otra gloria, otra ventura,
        otro bien!—¡No me despojes
        de ese amor que es mi universo!
        ¡No de un mísero te apropies
        la única, la postrer prenda;
        tú, colmado de los dones
        del cielo!
BALT.   (*Inmóvil y con voz sorda.*)
        ¡No son hermanos!..
ELDA.   Se opusieron mis temores
        á que esa verdad, señor,
        te confesara. Perdone
        tu compasion mi flaqueza.
        ¡Mi llanto á tus plantas corre!
JOAQ.   (*Cayendo á los piés del rey.*)
        ¡Sé grande, rey Baltasar!
        ¡No tus promesas revoques!
RUB.   (*Lo mismo.*) No quebrante tu justicia
        la pasion al primer choque,
        pues del déspota al instinto
        tu propio instinto se opone.
BALT.   ¡No son hermanos!.. ¡mentian!
        ¡Y yo encontrar pechos nobles
        pensé iluso!... La verdad
        yo quise hallar en los hombres!
        (*Suelta una carcajada convulsiva.*)
RUB.   (*Poniéndose en pié, lo mismo que Elda y
        Joaquin.*)
        ¡Rey!...
JOAQ.   (¡Yo tiemblo!)
BALT.   (*Con sarcasmo acervo.*) ¡Y aun me piden
        que yo su triunfo corone,
        y que el siervo y la mujer
        de mi impotencia se mofen!..
ELDA.   ¡Oh! ¡no! ¡te pido justicia!
        ¡Te pido mi esposo, en nombre
        de la virtud, de tu gloria,

de Dios!

BALT. (*Arrojándola en brazos de sus soldados.*)
¡Vuelve á tus prisiones,
sierva vil! ¡Que entre esas greyes
tu cuello al yugo se doble,
y me vengue tu vergüenza
de mis locas ilusiones!

JOAQ. (*Queriendo defender su hija que se lleva la guardia.*)
¡No, bárbaro!

RUB. ¡Mi cadáver
has de hollar antes de que oses
cumplir tu amenaza impía!
(*El pueblo invade el vestíbulo en este instante, y se agolpa con sordos murmullos en las gradas que separan á aquel del salon la escena.*)

ELDA. (*Luchando desesperadamente con los que quieren llevársela.*)
¡Oh señor! no te deshonres
ante ese pueblo que riges,
y que aquí llega!

RUB. (*Entre Elda y el rey.*) ¡No agotes
de un infeliz la paciencia!

BALT. (*Fuera de sí.*) Una presa tus furores
me piden, pueblo!—¡Ahí la tienes!
(*Arroja á Rúben entre el populacho, que lo recibe rugiendo, y deja la escena el rey precipitadamente.*)

ELDA. ¡Cielos!
JOAQ. ¡No!...
RUB. ¡Turbas feroces!
¡Soltad!
JOAQ. ¡Mis hijos!...
ELDA. ¡Mi esposo!
¡Gracia! ¡perdon! ¡¡ah!!...
(*Se la llevan sin sentido.*)

NER. ¡Destrocen
vuestras manos á ese infame,
y que á la plaza se arrojen
sus restos sangrientos!

VOCES. (*Del populacho, que se ha posesionado de la*

victima, y la arrastra al vestíbulo.)
¡Muera!

Rub. ¡Padre!...
Joaq. (*Yendo hácia él, pero cayendo desfallecido en medio de la escena; mientras aparece la reina y corre en defensa de la victima.*)
¡Yo con él!... ¡yo!...
Nit. ¡Dioses!...
(*Cae el telon.*)

FIN DEL ACTO TERCERO.

ACTO CUARTO.

Salon del banquete, adornado con magnificencia y resplandeciente de luces. En primer término, cerca del proscenio, y á la derecha del actor, un divan, que ocupará el rey al levantarse el telon. En segundo término la gran mesa semicircular, preparada para la cena. Arden aromas en pebeteros de oro y plata, y se ven mezclados trofeos guerreros con guirnaldas de flores que tapizan los muros. Este salon está separado del terrado por un órden de columnas, y despues de ellas se ven las estátuas y fuentes de aquel jardin aéreo, que sirve de fondo á la escena, y á cuyo último término se destacan sobre un cielo nebuloso cúpulas y torres de Babilonia, alumbradas de vez en cuando por la siniestra luz de los relámpagos. Estos son mas frecuentes á proporcion que avanza el acto, y algunos truenos lejanos se dejan oir desde el momento en que concluye la tercera escena, mezclándose á intervalos con los ecos de la música, que suena en el jardin al mismo tiempo.

ESCENA PRIMERA.

BALTASAR, NITÓCRIS. *El primero, echado en el divan, parece entregado á sombria cavilacion, y se estremece, como despertando de un sueño penoso, á las primeras palabras de la reina, que entra en la escena al levantarse el telon, y se le aproxima lentamente en silencio, hasta ponerse á sus pies.*

NIT.   Señor, vengo á devolverte
   este sello soberano

	que me dió tu excelsa mano.
Balt.	¿Por qué causa?
Nit.	(*Levantándose.*) ¡Te la advierte
	mi dolor!—Con esta prenda
	—declarártelo no temo—
	quise en instante supremo
	impedir victoria horrenda
	de un populacho cobarde...
	¡Oh, sí! con angustia inmensa,
	de la víctima en defensa
	corrí, llegué... ¡ya era tarde!
Balt.	(*Apartando la vista.*)
	Bien... no mas.
Nit.	Desde este dia
	renuncio todo poder...
	Que el que empiezas á ejercer
	te aplauda la turba impía
	que el triunfo odioso pregona,
	y que al cebarse en su presa,
	con su sangre dejó impresa
	negra mancha en tu corona.
Balt.	¡Señora!...
Nit.	(*Dándole el sello real.*) Ten.—Yo esperaba
	que en premio de mis desvelos
	me concediesen los cielos
	un cambio que ambicionaba.
	Que tu letargo fatal
	sacudiendo al fin brioso,
	te alzaras grande y glorioso,
	de este pecho maternal
	remontando la ufanía
	con gloria del cetro augusto,
	y dando, monarca justo,
	ventura á tus pueblos.
Balt.	Fia
	de tus dioses al poder
	esa mision singular;
	porque yo no alcanzo á dar
	lo que no alcanzo á tener.
	¡La dicha!... ¡fantasma vano
	que sigue loco el mortal!...
	¡Nada hay cierto sino el mal!

          ¡Solo el dolor no es arcano!
          ¡Yo tambien, tambien, señora,
          (*Levantándose.*)
          pude en un vértigo extraño
          concebir, para mi daño,
          una esperanza traidora!..

NIT.   ¡Oh, Baltasar!...
BALT. (*Con desaliento doloroso.*) Humo leve,
          que pasa sin dejar huella,
          fué todo.—¡Volóse aquella
          ilusion de un sueño breve!
          ¡Volóse!... Volví á caer
          en esta tierra maldita,
          donde todo se marchita,
          donde es sarcasmo el placer.
          Torno á escuchar ese acento
          que la esperanza prohibe...
          y que mi oido percibe
          en cada soplo del viento.
          ¡Ese acento que aqui gira,
          que en todas partes murmura
          —no hay amor, verdad, ventura...
          todo es miseria y mentira!

NIT.   (¡Desdichado!)
BALT.   Esa voz triste
          que no permite alegria,
          se envuelve en la noche umbria,
          con la luz del sol se viste...
          de aquella turba la calma,
          del otro el brillo sereno,
          y ecos arranca del seno
          del universo, y del alma!

NIT.   ¿Quieres?...
BALT. (*Con sordo acento.*) ¡Quiero que la apague
          con su bullicio la orgia,
          ó el mundo con su agonia!

NIT.   ¡Ah!...
BALT.   ¿Qué importa? Que no vague
          esa voz en mis oidos,
          y me serán gratos sones
          blasfemias y maldiciones,
          carcajadas ó gemidos.

Nit.   ¡Ah, señor! si no existieran
amor, virtud, fé constante,
¡otra suerte en este instante
dos nobles seres tuvieran!
Mas tú, que de despreciar
cansada tu alma sentias,
odiaste lo que debias
por su grandeza admirar...
Tú, por rara y fatal ley,
que hace que el juicio se asombre,
lo que buscabas como hombre
lo has hollado como rey.
¡Quizá sea expiacion
de aquella soberbia loca,
que encuentre en el bien que toca
tormento tu corazon...
Y que del hombre ultrajado
no comprendás el valor,
sino sintiendo el dolor
de no verte nunca amado!

Balt.   ¡Pues bien! si al infausto trono
no ha de llegar la esperanza;
si el ser mas mísero alcanza
lo que yo en balde ambiciono...
si es de los reyes herencia
la soledad de esta cumbre,
do no hay un astro que alumbre
las sombras de la existencia...
quiero, con negro egoismo,
que este poder infecundo
pese, señora, en el mundo
tan rudo como en mí mismo!
—¡Vete!—¡Quizá logre al fin
de monarca digna palma!
(*Con ironia acerba.*)
¡Quizás me conforte el alma
la crápula del festin!
Hónralo con tu presencia
y de eso solo te cuida.
(*Se deja caer en el divan.*)

Nit.   (*Con tristeza.*) Será, señor, complacida
tu voluntad.

(*Se vá y Neregel aparece al mismo tiempo por otra puerta.*)

ESCENA II.

Baltasar, Neregel.

Ner. (¡Qué insolencia!)
Señor, se empeña en hablarte
Daniel, el mago cautivo.
Balt. ¿Para qué?
Ner. Quizás la esclava
reclame, de quien es tio;
y tal se encuentra esa jóven
que á indicarte me decido
no pierdes nada en perderla.
Balt. Explícate mas.
Ner. Su juicio
padece horrible trastorno.
Balt. ¿Cómo!
Ner. En constante delirio,
tan pronto quiere escaparse
mostrando vehemente ahinco,
para implorar tu clemencia
por el esposo en peligro;
tan pronto, de otros recuerdos
su corazon oprimido,
la frente oculta en el polvo,
y con frenéticos gritos
divulga...
Balt. ¡Basta!—(*Levantándose.*)El banquete
ya debe estar prevenido,
Ner. Toda tu córte brillante
aguarda ya.
Balt. Necesito
cercarme de orgullo necio...
de estúpido regocijo.
(*Con exaltacion dolorosa.*)
Que brille mi pompa régia;
que el ambiente que respiro
de perfumes que den vértigos
se impregne: que salte el vino

en cincelados metales:
que del placer al bullicio
uniéndose la embriaguez
me haga olvidar de mí mismo!

NER. Se cumplirá cuanto ordenas. (*Se vá.*)

ESCENA III.

BALTASAR, *y luego* DANIEL, *y luego* NEREGEL *y guardias.*

BALT. ¡Está loca!..—¡Oh quebradizo
(*Con sarcasmo.*)
barro, que al choque primero
(*Entra Daniel á espaldas del rey.*)
quiebra, destroza el destino!..
¡Huye lejos, compasion!
¡Todo afecto es desvarío!
(*Va á dejar la escena, y le sale al encuentro Daniel.*)

DAN. Soy Daniel, rey Baltasar.

BALT. (*Retrocediendo.*)
¿Qué es lo que quieres?—Me han dicho
que eres un mago eminente.

DAN. Te engañaron: yo no estimo
la ciencia de tus caldeos.

BALT. Que la superas colijo
con la tuya.

DAN. No soy sabio.

BALT. ¿Pues por qué extraño artificio
has logrado parecerlo?

DAN. Cual eco humilde repito
voz de suprema verdad...
que es la que aquí te dirijo!

BALT. ¿Cómo?.. Tu Dios...

DAN. ¡Nuestro Dios;
el único; el infinito
señor de cielos y tierra;
sér de todo sér principio,
es quien te habla, Baltasar,
por este su siervo indigno!

BALT. ¿Y qué me dice ese Dios,
para mí desconocido?

Dan.   ¡Su nombre publica el mundo;
lo ves en el cielo escrito;
lo proclama el mar soberbio;
lo anuncia el viento en su giro;
con sus tinieblas la noche,
el sol con su ardiente brillo,
la tempestad con sus truenos
y el áura con sus suspiros!

Balt. (*Con sarcasmo.*)
Si, yo me encuentro en un mundo
donde con nombres distintos,
oigo que invocan los hombres
no sé qué árbitro escondido...
que no responde jamás.
Yo tiendo la vista, y miro
á las nubes lanzar rayos;
al mar entreabrir abismos;
producir ponzoña el suelo;
al aire en miasmas nocivos
difundir mortales pestes...
yermar campos el granizo!
Una fuerza loca y ciega
que produce sin designio,
y cuanto engendra destruye
sin mas ley que su capricho!
La ventura fugaz sombra
que se escapa de contínuo...
la justicia nombre vano
de que hace el fuerte ludibrio...
y cerrando el horizonte
de este cuadro, tan magnífico,
¡siempre el sepulcro!... mezclando
en su polvo inmundo y frio,
la ignominia con la gloria,
las virtudes con los vicios!
Por tales rasgos se ostenta,
¡profeta! á los ojos mios
esa providencia sábia,
á que dais culto sumiso...
Ponle el nombre que te cuadre.
Préstale voz á tu arbitrio.
(*Se sienta, y escucha desdeñosamente á su*

          interlocutor.)
Dan.   (*Acercándosele.*)
          Si triunfa en la tierra el mal,
          ¡como lo pruebas tú mismo!
          si sucumbe la inocencia
          bajo el poder del impío,
          y en la tumba se confunden
          los justos con los inícuos,
          ¡del mas allá de la tumba
          reconoce el alto aviso!
Balt.   Y de tu Dios en el nombre
          ¿no dices mas?
Dan.   ¡Si! te digo
          que en su balanza suprema
          son pesados los delitos
          y virtudes de los reinos.
          Que si rompe el equilibrio
          el mal al fin, si se borra
          de gloria el postrer vestigio,
          y caducando un imperio
          devorado por sus vicios,
          la tierra llega á infectar
          con su aliento corrompido...
          Entonces Dios lo renueva
          por horrendos cataclismos,
          que á las viejas sociedades
          sepultan en hondo abismo!
Balt.   Más que hábil te juzgo loco
          si amedrentarme has creido,
          como á la vil muchedumbre,
          con tus presagios fatídicos.
          ¿Dónde estaba tu Dios justo
          cuando su templo abatimos
          y sus aras venerables
          dejamos sin sacrificios?
          ¿En dónde cuando los surcos
          de este suelo, en que cautivos
          gemis, con sudor y lágrimas
          regais, en trabajos ímprobos,
          para que den nuestras vides
          un jugo mas exquisito?
Dan.   ¡Él castiga nuestras culpas

y venga nuestros martirios!
¡Si! ¡nos negó la victoria!..
¡Bajo tus armas caímos!..
Pero ese pueblo humillado
romperá pronto sus grillos!

BALT. Y ese glorioso suceso
¿qué profeta os lo predijo?

DAN. ¡El mismo, rey, que te anuncia
que contra tí viene Ciro,
y que al golpe de su espada
se va á hundir el trono Asirio!

BALT. (*Levantándose, pero reprimiendo su ira.*)
Por desprecio solamente
no desmiento el vaticinio.

DAN. ¿De qué modo?

BALT. Libertad
promete á tu pueblo indigno,
y hoy, si quiero, con un soplo
á ese vil pueblo aniquilo!

DAN. ¡No puedes!

BALT. ¡Cómo!..

DAN. Ese pueblo,
¡tambien, rey, está predicho!
ni tú, ni monarca alguno
podrá jamás destruirlo.

BALT. ¿No?.. (*Con sarcasmo.*)

DAN. (*Con energia.*) ¡No!—Con miras eternas
aquel pueblo fué escogido
por cuna de la verdad,
por su perenne testigo,
y ha de durar en la tierra
mientras duraren los siglos!

BALT. ¡Bien! ¡yo quiero que se pruebe
de tu Dios el poderío!
¡Neregel! Guardias.

DAN. (*Con tono de lástima.*) ¡No agraves,
mísero rey, tu destino!

BALT. (*A Neregel y guardias que entran.*)
¡A ese insensato prended!
¡Que todo el pueblo judío
postre mañana su frente
á los que osa llamar ídolos,

y si resistir intenta
perezca del hierro al filo!

DAN. ¡Baltasar!..

BALT. (*Con ironia.*) ¡Venga de Dios
la excelsa mano en tu auxilio!
(*Se va por una puerta; por otra se llevan á Daniel, que le sigue un instante con mirada compasiva, y la escena queda sola. Mientras tanto comienza la música, con la que se unen á intervalos los truenos.*)

ESCENA IV.

NITÓCRIS, RABSARES, SÁTRAPAS, MAGOS, *mujeres del rey que van entrando sucesivamente á la escena.*

NIT. Pronto el rey con su presencia
colmará vuestro placer,
y yo me alegro de ver
reunida con la ciencia
la nobleza cortesana
en nuestra mansion.

SAT. 1.º   Señora,
de esa córte que te adora
y de servirte se ufana,
los homenajes recibe.
¿Cuándo será su caida? (*Bajo á Rabsares.*)

MAGO 1.º La ciencia reconocida
gloria mayor no concibe
que merecer tu bondad.

NIT. Y yo preguntarte anhelo,
¿qué nos anuncia ese cielo
con su densa oscuridad?
¿Los astros en que leeis
nada dicen?

MAGO 1.º   Dicen mucho.

NIT. Refiérelo, que te escucho.

MAGO 1.º (*A la córte que le rodea.*)
Todos saberlo podeis.
(*Gravemente.*) Por indicios á millares,
que entiende el saber profundo,
Belo inmortal manda al mundo

que al rey se le alcen altares
dignos de su majestad;
que con pompa se decoren,
y que los pueblos le adoren
como á celeste deidad!
(Pontífice espero ser.)

Sat. 2.º Con regocijo y respeto
yo acojo el alto decreto.

Mago 2.º Que se cumpla es menester.

Mago 1.º Lo espero así.
(Señales generales de asentimiento.)

Nit. (Al Sátrapa 1.º) ¿Tú, qué sabes
de tu vasta satrapía?

Sat. 1.º Prospera más cada dia.

Nit. Pues corren noticias graves.

Sat. 1.º No alcanzo...

Nit. Se dan razones
de queja.

Sat. 1.º ¡Bah! Nada en suma.
Dicen que se les abruma
con enormes exacciones.

Nit. Se habla de violentas muertes
tambien.

Sat. 1.º ¡Vaya! cien cautivos.

Nit. ¿Se rebelaron altivos?

Sat. 1.º Se hicieron torpes é inertes...
casi inútiles por viejos.

Rab. El rey se acerca.

Mago 1.º ¡Victoria
siempre alcance, y de su gloria
nos alumbren los reflejos!

Todos. ¡Gloria al rey!
(Se inclinan profundamente, y entra Baltasar con Neregel.)

ESCENA V.

Los mismos, Baltasar, Neregel. *Esclavos que sirven la mesa.—La música, colocada en el jardin, une sus ecos con los truenos de la tempestad, que van haciéndose mas frecuentes y prolongados.*

Balt. ¡Sátrapas! quiero
que reine aqui la alegria
sin límites!
Rar. (*Bajo al Sátrapa 1.º*) Tan sombria
nunca ví su frente.
Balt. Espero
que haya tumulto, bullicio,
frenesí... locos placeres.
¡Que entre aromas y mujeres
se turbe, se pierda el juicio!
¡A la mesa!
Rab. (*Bajo al Sátrapa 1.º*) Nunca oí
dictar con tan raro tono
del placer el abandono.
Sat. 1.º Obedezcamos.
(*El rey ha ocupado su siento, en la cabecera de la mesa á la izquierda del actor, é indica á su madre el asiento del otro estremo.*)
Balt. Tú allí.
(*Se sientan todos y los esclavos permanecen de pie detrás de la mesa.*)
Balt. Salte en las copas el vino.
Ner. (*Sirviéndole.*) Este es Chipre, del mejor.
Sat. 1.º Embriaga solo su olor.
Sat. 2.º Cierto.
Mago 1.º ¡Es un néctar divino!
Rab. (*Levantando su copa.*)
¡Por el gran rey Baltasar!
Mago 1.º ¡Por el dios Baltasar!
Sat. 1.º ¡Vea
Babilonia, cual desea,
alzarse pronto su altar!
Unos. ¡Gloria al gran rey!

Otros. ¡Gloria al dios!

ESCENA VI.

Los mismos, Elda, *que entra por la derecha del actor, desmelenada, el vestido en desórden y pintado en todo su aspecto el extravio de la razon.*

Nit. (*Al aparecer Elda.*)
¡Cielos!... ¡Es ella!...
Balt. (¡Qué miro!)
Elda. (*Que parece no echar de ver al rey ni á su córte.*)
¡Penetro al cabo!... ¡Respiro!
Nadie viene de mí en pos.
Balt. (*Poniéndose en pie, y lanzando á Rabsares una mirada de reconvencion y enojo.*)
¡Rabsares!...
Rab. (*En humilde tono.*) ¡Señor!... mi ausencia del harem...
Ner.   Yo haré al instante
que á la infeliz delirante
se arroje de tu presencia.
(*Todos se ponen en pie y algunos se desvian de la mesa como para ir á donde esta Elda.*)
Nit. ¡Por piedad!... (*Yendo hácia el rey.*)
Balt.   De ella dispon.
Nit. (*Acercándose vivamente á Elda, que recorre agitada el régio salon y parece reconocerlo con cierta alegria.*)
¡Elda!..
Elda.   ¡Ah!! ¡Tú!—¡Llévame! ¡Quiero
pedirle al déspota fiero
para mi esposo perdon!
Nit. (*Apartando la vista de ella con dolorosa emocion.*)
(¡Desdichada!...)
Elda.   ¡La órden cruel
aun resuena en mis oidos!...
¡Aun escucho los rujidos
de la turba, que en tropel
sobre su presa se lanza!...

Nit. (¡Oh!...)
Elda.   ¡Corramos! ¡No consientas
que aquellas fieras hambrientas...
¡Ven, ven!.. ¡yo tengo esperanza!
¡Corramos!
Nit.   (¡Triste ilusion!)
Elda. (Suspendiéndose.)
¡Ah!... ¿No escuchas?
Nit.   Silba el viento.
Elda. Parece un largo lamento...
Nit. Te turba vana aprension.
—Estás en nuestra morada... (Con tristeza.)
y nada hay ya que temer!
Elda. ¿Nada?...
Nit.   Si... debes creer.
Elda. (A la reina, con misterio.)
¡Pude al cabo hallar entrada!
Me escapé... ¡guarda el secreto!
Me escapé sin hacer ruido.
Plazas, calles he corrido
temblándome el pecho inquieto,
Que por sangre resbalaban
mis plantas me parecia...
pero yo corria... corria!..
¡Cien espectros me acosaban! (1)
Nit. »¡Elda!...
Elda.   »Al fin llegué á las puertas
»de este alcázar... ¡si... este mismo!
»Me asaltaba un parasismo,
»mas ví que estaban abiertas.
»Toda la córte en tropel,
»como buscando su centro,
»se precipitaba dentro,
»y ante el augusto dosel
»iba su incienso á quemar...
»y yo, yo sentí en el pecho,
»de mi pavura á despecho,
»nueva esperanza brotar!

---

(1) Todos los versos señalados con comillas al margen, se han suprimido en la representacion.

»Quise las plantas mover
»llamando todo mi brio...
»quise por entre el gentio
»ir ante el trono á caer
»clamando: ¡gracia, perdon
»para mi infeliz esposo!

Nit. »¿Y qué?...

Elda. »Y en balde afanoso
»redoblaba el corazon
»sus esfuerzos! ¡Nó podia
»llegar á la régia puerta!
»¡Pugnaba... pugnaba... y yerta,
»yerta estátua me sentia!

Nit. Ya estás conmigo, y espero
que mas tranquila...

Elda. ¡Es verdad!
¡Dios tuvo al cabo piedad!
Por un esfuerzo postrero
pude pasar los dinteles...
Y ahora aqui... ¡cuántos trofeos
de los monarcas caldeos!...
¡Cuántas púrpuras, laureles,
luces que afrentan al dia
con sus vivos resplandores!...
¡Y olor de mirra y de flores!..
¡y ecos de dulce armonia!...
(*Se suspende como escuchando la música,
pero de repente se oscurece su rostro y parece poseida de espanto.*)

Nit. (¡No puedo mas!..)

Elda. Al brillante
resplandor que antes lucia
sucede noche sombria...
Cesa el perfume fragante...
Calla el victor jubiloso...
Los halagüeños sonidos
mueren en lentos quejidos...
Todo es silencio espantoso...
Todo tinieblas... De un frio
sudor se cubre mi frente...
(*El rey, que atiende con semblante sombrio,
se le va acercando maquinalmente; los cor-*

tesanos le imitan.)
Se me condensa el ambiente...
(*Con desesperada resolucion.*)
¡Mas no importa!—¡Yo porfío!..
¡Quiero hallar al rey! (*Da algunos pasos.*)
                    ¡Mi acento
le invoca!—¡Nadie responde!
¡Todo en las sombras se esconde!
(*Da otra vez algunos pasos, y torna á detenerse con pavura.*)
¡Como hueco el pavimento
bajo mis pasos retumba!..

Balt. (*Adelantándose mas.*) ¡Infeliz!..
Nit.   Tu soberano
te tiende benigna mano!
Elda. (*Señalando espantada un objeto que parece ver en el lugar que ocupa el rey.*)
¡Mira!
Nit.   ¡Es el rey!
Elda.   ¡¡Una tumba!!
¡y otra!.. ¡y otra!.. ¡y otra!.. ¡y cien!..
¡cien tumbas el suelo brota,
y nunca el tesoro agota
que fúnebre ostenta!
Nit.   ¡Ah! ¡ven!..
Elda. ¡Asi se aclara el misterio
de tiempo en tan breve espacio!
¡Pensé hallarme en un palacio...
y es un vasto cementerio! (1)
Nit. ¡Elda!..
Elda.   ¡Quiero huir!..
(*Lo hace, y se detiene con horror.*)

---

(1) Para caracterizar bien cuanto dice Elda en esta escena, debe tener presente la actriz encargada del papel, que no hay aqui un simple delirio, sino una intuicion misteriosa de la grande y próxima catástrofe. En medio de aquella pompa régia, de aquella delirante alegria, el monarca escéptico, condenado por el cielo, va á hundirse para siempre con su imperio, con la corrompida sociedad que representa ; y Elda, su víctima, anuncia ya, aunque con la exaltacion de la demencia, aquel gran suceso providencial, sintiendo, por decirlo asi, el olor de la muerte entre los perfumes del festin.

¡Sangrientos
fantasmas!.. ¿qué quereis?
¡No el camino me cerreis
lanzando largos lamentos!
¡Qué!.. ¿Los inmóviles ojos
clavais en mí?.. ¿me llamais,
y mi sitio señalais
entre esos yertos despojos?..
¡No! ¡no!—¡Yo quiero vivir!
¡Soy jóven, y soy querida!
Quiero al dueño de mi vida
por todas partes seguir,
como amante digna y fiel,
como esposa tierna y pura...
(*Suspendiéndose, como si oyera algo que 'a horroriza.*)
¡Qué!..

Nit. (¡Pavorosa locura!)
Elda. ¡Qué carcajada cruel
lanzais de los pechos frios,
que se repite en cien ecos
por esos fúnebres huecos
de los sepulcros vacios!..
¿Por qué señalais mi frente
con burla acerba?..—¡Mentira!
¡No hay mancha en ella!.. ¡Delira
si tal sospecha la mente!
En vano la atroz violencia...
En vano... ¡No! ¡no!... ¡jamás!
¡Detente, tirano!... ¡Atrás!
¡Ten piedad de mi inocencia!
¡Qué!.. ¿no me escuchas? ¿Tu anhelo
es mi deshonra?... ¡Ah!... ¡yo corro!
¡Rúben!.. ¡Padre! ¡á mí!.. ¡socorro!..
(*Huye, y encontrándose con el rey que avanza hácia ella, como para imponerle silencio, le reconoce y retrocede horrorizada, dando un grito.*)
¡¡No!! ¡ya es tarde! ¡es tarde!!...
(*Cae desplomada en tierra.*)

Nit. ¡Cielo!
Rab. (*Acudiendo con otros á donde está Elda*

desmayada.)
            ¡Desventurada!
BALT.   ¡Llevadla!
(Lo hacen Rabsares y dos esclavos. Momento de pausa.)

ESCENA VII.

LOS MISMOS, *menos* ELDA *y* RABSARES.

NIT. *(Con doloroso acento de reconvencion.)*
¡Baltasar!..
NER.   Harto turbó,
gran rey, tu alegre banquete,
la imprevista aparicion
de esa insensata.
BALT. *(Queriendo sacudir su remordimiento y con animacion febril, que vá aumentándose hasta rayar en vértigo.)*
            ¡Sí! Corran
de nuevo en giro veloz,
los néctares incitantes;
y hasta que á romper el sol
no salga ese manto oscuro,
bebamos sin tregua!
(Se acerca á la mesa, y tambien los cortesanos, agrupándose en las cabeceras y en el centro del semicirculo; pero sin sentarse, aunque toman las copas.)
SAT. 1.º   Voy
á proponer otro brindis,
si lo permites.
BALT.   Propon!
SAT. 1.º Por la pobre loca hebrea
que tan á tiempo llegó
para aumentar del banquete
el desórden seductor.
BALT. ¡Bien! ¡por ella!...
(Levantan todos las copas y aparece Joaquin, que se adelanta, con pasos trémulos y semblante desencajado. Sale á la escena por la misma puerta por la que acaban de sacar á su hija moribunda.)

ESCENA VIII.

Los mismos, Joaquin.

Joaq.   ¡Y por tu gloria!
¡Vengo á brindar tambien yo!
Balt. ¡Tú!...
Nit.   ¡Joaquin!...
Joaq.   Les faltaria
á tus goces lo mejor,
si á responder no viniera
de este padre el corazon!
Balt. ¡Anciano!...
Joaq.   ¡Bebamos, si!
¡Tú eres nieto de Nemrod!
¡Tú eres ídolo de un pueblo
de quien la tierra tembló,
porque ancha huella de sangre
por do quier dejaba en pos!
Y si hollada la justicia
se vé por capricho atroz;
si haces la fuerza derecho,
flaqueza la compasion,
la virtud vano sonido,
la desgracia deshonor...
¿qué importa? ¡Del Juez Supremo
tú aclamas la negacion!
¡Tú á los hombres les enseñas
que es su destino el dolor...
pues si dueños les da el mundo
no les guarda el cielo un Dios!
Balt. ¡Basta ya!
Joaq. (*Con energia.*) ¡Pero te engañas,
rey Baltasar!—No es error
la esperanza de los pueblos,
del alma la aspiracion!
¡Hay ese Dios, que tú niegas,
de los señores Señor,
ante el cual el rey y el siervo
iguales, hermanos son,
y á su justicia suprema

NIT. contra tí se alza mi voz!
      ¡Ah!
BALT.   ¡Bien! Que ostente su gloria
      ese gran Dios de Jacob,
      y para brindar por él,
      haciéndole digno honor...
      ¡vengan los vasos sagrados
      del templo de Salomon!
JOAQ. (*Retrocediendo con espanto.*)
      ¡Qué has dicho!...
BALT.   Del alto brindis
      quiero mostrarte el valor. (*Toma los vasos.*)
JOAQ. ¡Tente, sacrílego!
BALT. (*Presentándole uno.*) ¡Toma!
JOAQ. ¡Jamás!...
BALT.   ¡Te lo mando yo!
JOAQ. ¡Tiembla!
BALT. (*Con tono de irrision y alzando su copa.*)
            ¡Por el Rey de reyes
      ante el cual citado estoy!
      (*Los cortesanos ébrios sueltan una carcajada, y al ir á llevar las copas á los labios, una ráfaga violenta del viento abre de golpe todas las ventanas y puertas del régio salon, derribando las estátuas de sus pedestales y apagando instantáneamente las luces. La música cesa: las copas sagradas caen de las manos de los sacrílegos; y entre la oscuridad y el estupor general, al estampido de un gran trueno, aparece al frente del rey, con caractéres de fuego, el célebre letrero histórico:* Mane, Thecel, Phares. *Todos se apartan de la mesa despavoridos.*)
NIT. (*Señalando el letrero.*)
      ¡Mirad... mirad!...
SAT. 1.º   (¡Yo tiemblo!)
MAGO 1.º   ¡Hórrido arcano!
SAT. 2.º ¡Se me hiela la sangre!
MAGO 2.º   ¡Enigma oscuro!
NIT. ¡Mirad, magos famosos,
      por invisible mano
      trazados en el muro

esos rasgos de fuego misteriosos,
que con siniestro resplandor fulguran!...

Ner. ¡Miradlos!... si mentira
no es vuestra ilustre ciencia,
por los dioses mis labios os conjuran
que digais su sentido!

Mago 1.º Ese misterio que terror inspira...
ese misterio...

Balt. (*Que hasta este momento permanece inmoble, fijos sus ojos en el fatal letrero.*)
¡Pronto! ¡La existencia
en ello os va: tenedlo comprendido!

Nit. ¡Hablad!
Ner. ¡Decid!
Mago. 1.º ¡No puedo
ese misterio penetrar profundo!

Balt. (*A los otros Magos.*)
¡Vosotros!

Mago. 2.º (*Mientras los demas hacen consternados ademanes negativos.*)
No, señor, nadie en el mundo
alcanza á tanto.

Satr. 1.º ¡Los embarga el miedo!

Nit. ¡Oh rey! en Babilonia existe un hombre...
que sueños intrincados
supo explicar á tu glorioso padre...

Balt. ¡Daniel!..

Nit. No osaba pronunciar su nombre.
Se encuentra entre los tristes sentenciados...
mas que llamarlo á tu bondad le cuadre!

Ner. Preso en palacio está.

Balt. ¡Venga al momento!
(*Se va Neregel.*)

Joaq. (¡Daniel!.. ¡Juicio de Dios!)

Nit. Siempre su acento
órgano fué de la verdad divina.

Balt. (*Estremeciéndose.*)
(¡De la verdad!..)

Joaq. ¡Dios mismo le ilumina!

Nit. Él de esos rasgos que á la mente aterran
sabrá el misterio.

Balt. Si me explica presto

        el anuncio que encierran,
        hora próspero sea, hora funesto,
        juro adornarle con mi régio manto
        y otorgar á su voz cuanto me pida.
Nit.   ¡Él llega!
Satr. 1.º   ¡Él llega!
Balt.   (¡A mi pesar me espanto!)
Joaq.   (¡De emocion siento el alma extremecida!)

ESCENA IX.

Los mismos, Daniel, Neregel. *Esclavos con hachones.*

Dan.   ¡Héme aqui, Baltasar! Di lo que quieres.
Balt.   (*Con voz trémula.*)
        Que me explique tu voz aquel escrito,
        y que altas gracias de mi mano esperes.
Dan.   Tus dones guarda, rey. No los admito;
        pero esos rasgos descifrarte debo.
Nit.   ¡Ah!..
Balt.   ¡Yo te escucho!
Nit.   (¡El pecho se me oprime!)
Joaq.   (Á tí, señor, mi corazon elevo!)
Balt.   ¡Presto? ¿Qué aguardas? ¡Su sentido dime!
        (*Momento de silencio.*)
Dan.   Pesó Dios tu justicia... hallóla falta,
        y el término marcó de tu carrera.
        ¡Esa corona, que tu orgullo exalta,
        te la viene á arrancar mano extranjera!
        ¡Entre Persas y Medos destrozada
        queda desde hoy tu inmensa monarquía,
        que de glorias y crímenes cargada
        diez y ocho siglos de opresion expia!
Satr. 1.º ¡Es venganza!
Ner.   ¡Es mentira!
Nit.   ¡Oh hijo mio!
Joaq.   (*Alzando al cielo sus manos.*)
        ¡Tu insondable justicia reverencio!
Satr. 1.º ¡Castigo tenga el pérfido judio!
Ner.   ¡Muerte merece el impostor!..

BALT. ¡Silencio!
(Con grandeza.)
¡Una promesa pronuncié sagrada
y al punto mando que cumplida sea!
(Se quita el manto y lo arroja á manos de Neregel.)
¡La púrpura á los reyes destinada
que hora en sus hombros ese esclavo vea!
DAN. (Rechazándola.)
¡Ciro llega á pedirla!
BALT. Todavia
la ostenta Baltasar. Lo que ambiciones
demanda y lo tendrás: mas si este dia
no se cumplen, Daniel, tus predicciones,
¡ni restos hallará la nueva aurora
del pueblo de Sion!

ESCENA X.

LOS MISMOS, RABSARES.

RAB. ¡Armate presto,
rey Baltasar!
BALT. ¡Qué dices!..
RAB. ¡Sin demora!
¡Ciro á tus puertas llega!
NIT. ¡Hado funesto!
BALT. ¡Ciro!..
NER. ¿Qué vil traicion?..
RAB. Ninguna existe.
(A Nitócris.) ¡Tu imprevision fatal!..
NIT. ¿Qué?...
RAB. La corriente
del vasto rio encadenar supiste
en hondos lagos; pero no prudente
cegarlos luego imaginaste.
NIT. ¡Oh cielo!
RAB. Hoy Ciro con acierto te ha imitado,
aprovechando de la noche el velo,
y el rio de su curso desviado
el paso franco le dejó á su gente.
NIT. ¡Ah!...

Rab.	Todo lo previne á la defensa,
	y espero que hallará quien lo escarmiente;
	pero es do quier la confusion inmensa.
Nit.	(Al rey, que tomando las armas que le da
	Rabsares, se las viste rápidamente.)
	¡Hijo mio, hijo mio! ¿arrostrar quieres
	la cólera de un Dios?... ¡Huye conmigo!
Balt.	¡Retírense al instante las mujeres!
	Nosotros...
Nit.	¡Baltasar!...
	(Juntando las manos en actitud suplicante.)
Balt.	¡Al enemigo!
	(Sale con Neregel, Rabsares y los demas convidados. Las mujeres se refugian á lo interior del palacio.)

ESCENA XI.

Nitócris, Daniel, Joaquin. *Luego* Rabsares, *y al final* Baltasar *y* Neregel.

Nit.	De esta madre sin ventura
	compadeced las congojas,
	y á vuestro Dios indignado
	pedidle misericordia
	para el hijo de mi vida!
Dan.	(¡Señor, su tormento acorta!)
Nit.	Con mi llanto, con mi sangre
	la cruda sentencia borra.
	¡Mírala, mírala!... ¡horrible
	centellea entre las sombras!
Joaq.	(¡Mísera madre!...)
Nit.	¿No hallais
	para calmar mis zozobras
	ni una esperanza siquiera?...
Dan.	¡Del cielo, reina, la implora!
Nit.	(Con desesperacion.)
	¡Ese cielo es mi enemigo!
	¿No escuchais?—Las armas chocan
	de este palacio á las puertas,
	y aquí llegan voces roncas
	de furor!...

Joaq. (¡Funesto dia!)
Dan. (¡Cuál vengas, Señor, tu gloria!)
Nit. (*Que escucha con ansiedad.*)
¡Crece el tumulto!... ¡se acerca!
¡Oh hijo mio! ¡oh Babilonia!
¡Vuestra suerte se decide
en esta noche espantosa!
Rab. (*Entrando desarmado y despavorido.*)
¡Dónde ocultarme!...
Nit. ¡Rabsares!
¿qué es del rey?
Rab. Defensa heróica
le opone en vano al destino,
pues cierta es ya su derrota.
Nit. ¡Y tú!...
Rab. Salvo mi existencia.
Haz tú lo mismo, señora,
si aun es tiempo.
(*Huye por el lado opuesto de su salida á la escena.*)
Nit. ¡Miserable!
—Lucha solo... ¡ah! no: que rompan
tambien de su madre el pecho
las espadas vencedoras!
Dan. ¡Tente! ¡Mira!
(*Neregel y otros entran al rey herido. Dos esclavos alumbran con hachones.*)
Nit. ¡Baltasar!...
Ner. ¡Su vida al término toca!
(*Lo llevan al divan en que apareció al principio del acto, y Neregel se retira en seguida.*)
Joaq. Ya estais vengados ¡oh hijos!
¡Que la piedad triunfe ahora,
pues el poder que castiga
es tambien el que perdona!

ESCENA XII.

BALTASAR, NITÓCRIS, DANIEL, JOAQUIN *y los esclavos que han entrado con hachones.*

BALT. Esa voz... ¡ah!... la justicia
que invocó no era ilusoria...
Le ha escuchado... y su victoria
todo un imperio desquicia!
NIT. (¡Sucumbe mi ánimo firme
á tal prueba!...)
BALT.   Llega anciano...
que pueda estrechar tu mano...
y no te oiga maldecirme
en este instante...
JOAQ.   ¡Jamás!
Nuestra santa religion
hace un deber del perdon!
¡Muere en paz, rey!
(*Tiende su mano venerable sobre la cabeza del moribundo.*)
BALT.   ¡Ah.. ¡no mas!
Ese Dios... ¡Madre!.. yo muero...
¡Mas la verdad resplandece!..
¡El Dios que al hombre engrandece...
Ese... ese es el verdadero!
(*Hace un esfuerzo supremo para incorporarse al confesar á Dios, y vuelve á caer en brazos de su madre.*)
NIT. ¡Mi bien!
JOAQ.   ¡Su fin es glorioso!
NIT. Él no existe, y esas voces (*Levantándose.*)
Nos anuncian que feroces
llegan en triunfo ominoso
los indignos vencedores:
¡mas no hollarán sus despojos
profanando ante mis ojos
la mansion de mis mayores!
(*Arranca una tea de mano de un esclavo y se va con ella á lo interior del palacio.*)

ESCENA XIII.

Daniel, Joaquin, *luego* Nitócris.

Joaq. ¡Huye, Daniel, á su ejemplo,
que ese Ciro triunfador!...

Dan. (*Con voz solemne, y avanzando hácia el medio de la escena.*)
¡Es el que escoge el Señor
para alzarle el nuevo templo!
¡Setenta semanas de años (*Con inspiracion.*)
pasan con rápido giro,
y ese templo, que alzar miro,
con resplandores extraños
se alumbra en dichosos dias!..

Joaq. ¿Qué?.. ¡Daniel!

Dan. ¡Oh gloria nueva!
¡Ese templo que se eleva
oirá la voz del Mesias!

Joaq. (*Cayendo de rodillas, y juntando las manos con trasporte.*)
¡¡Ah!!..

Nit. (*Que al salir á la escena arroja el hacha, con la que acaba de incendiar el palacio.*)
¡Huid, que aun podeis!—¡Baltasar,
yo vuelvo á tus restos frios!
¡Nuestra mansion los impios
no pueden ya profanar!
(*Al arrojarse la reina sobre el cadáver de su hijo, se ven las llamas que devoran lo interior del palacio, y aparecen los vencedores por el foro, alumbrados por el incendio.*)

FIN DEL DRAMA.

Habiendo examinado este drama, no hallo reparo alguno en que su representacion sea autorizada. Madrid 29 de Enero de 1858.

El Censor de teatros,

Antonio Ferrer del Rio.

Made in the USA
Charleston, SC
04 April 2014